Jetzt wechsle ich den Job!

Christian Püttjer (rechts im Bild) und *Uwe Schnierda* (links im Bild) arbeiten seit 1992 als Trainer und Berater in den Bereichen Karriere, Bewerbung und Rhetorik. Ihre Erfahrungen aus Seminaren und Einzelberatungen haben sie, angereichert durch viele Tipps und Übungen, in zahlreichen Ratgebern veröffentlicht. Bei Campus erscheinen von Püttjer und Schnierda unter anderem *Überzeugen mit Anschreiben und Lebenslauf, Souverän im Vorstellungsgespräch* und *Die gelungene Online-Bewerbung.*

Christian Püttjer & Uwe Schnierda

Jetzt wechsle ich den Job!

Bewerbungsstrategien für Um- und Aufsteiger

Illustrationen von Hillar Mets

Campus Verlag
Frankfurt/New York

Die Deutsche Bibliothek – CIP-Einheitsaufnahme

Ein Titeldatensatz für diese Publikation ist bei Der Deutschen Bibliothek erhältlich
ISBN 3-593-37074-3

Copyright © 2002 Campus Verlag GmbH, Frankfurt/Main
Umschlaggestaltung: Frank Koschembar/Gute Kommunikation, Frankfurt/Main
Umschlagmotiv: Holger Blatterspiel, Frankfurt/Main
Illustrationen: Hillar Mets, Tallinn
Satz: Publikations Atelier, Frankfurt/Main
Druck und Bindung: Druckhaus Beltz, Hemsbach
Gedruckt auf säurefreiem und chlorfrei gebleichtem Papier.
Printed in Germany

Besuchen Sie uns im Internet: www.campus.de

Inhalt

Einleitung

Mit dem Job ist es wie mit dem Partner: Manchmal haben wir keinen und sind auf der Suche nach einem neuen. Manchmal gibt es einen, aber irgendwie läuft es nicht richtig. Es gibt Paare, die nur noch aus Gewohnheit zusammen sind und darauf warten, dass endlich etwas aufregendes Neues passiert. Manch einer aber ergreift die Initiative und geht gezielt auf die Suche.

Die Frage »Will ich meinen alten Job wirklich behalten?« weist viele Parallelen auf zu der Frage »Will ich mit diesem Partner wirklich zusammenbleiben?«. Sich zu trennen scheint gar nicht so schwer zu sein, solange man lediglich darüber nachdenkt. Hat man sich jedoch entschieden, neue Wege zu gehen, muss diese Nachricht auch überbracht werden. Und schon setzen die ersten Rückzugsgefechte ein: Vielleicht ist alles gar nicht so schlimm, wie es einem an den trüben Tagen vorkommt. Wer weiß, ob es mit dem Neuen wirklich besser funktioniert. Dann fallen einem plötzlich die schönen und herausragenden Momente der gemeinsamen Jahre ein. Die Zukunft dagegen erscheint ungewiss. Die Zweifel nehmen zu. Jeder Neuanfang birgt auch das Risiko, dass man an ihm scheitern kann.

Veränderungen fallen nicht leicht

Dieses quälende Für und Wider kann sich über Monate, manchmal sogar über Jahre hinziehen. Schließlich will sich später niemand vorwerfen lassen müssen, eine eingespielte Beziehung leichtfertig beendet zu haben.

Der Jobwechsel ist wie der Partnerwechsel eine wichtige Entscheidung, die nicht einfach aus dem Bauch heraus getroffen werden sollte. In diesem Ratgeber stellen wir Ihnen Strategien vor und bieten Ihnen Entscheidungshilfen an, die Sie auf Ihrem Weg zu einem neuen Job begleiten. Die Entscheidung »Gehe ich oder bleibe ich?« können und wollen wir Ihnen nicht abnehmen. Sie werden aber sehen, dass es sich lohnt, die berufliche Zukunft genauso aktiv zu gestalten wie den privaten Bereich. Wenn Sie zulange in Unentschlossenheit verharren, zermürben Sie sich selbst. Nehmen Sie lieber Ihr Schicksal in die eigenen Hände, damit Sie später nicht verpassten Gelegenheiten nachtrauern müssen.

Neuer Schwung für den Berufsalltag

In unserer Beratungspraxis erleben wir immer wieder, dass ein neuer Job genauso belebend und anregend sein kann wie ein neuer Partner. Plötzlich werden ungeahnte Potenziale freigesetzt. Nach dem Wechsel starren viele unserer Kunden den Wecker morgens nicht mehr verzweifelt an, weil sie nicht aufstehen und zur Arbeit gehen wollen. Im Gegenteil: Sie springen bereits vor dem Klingeln des Weckers fröhlich aus dem Bett, singen unter der Dusche ihr Lieblingslied und fahren gut gelaunt und zufrieden zu ihrem Arbeitsplatz. Fragt man sie nach dem Grund für ihre Zufriedenheit, antworten sie zum Beispiel:

Mit Begeisterung zur Arbeit gehen

»Ich bin froh, dass ich meinen nervigen Job endlich hinter mir gelassen und den Schritt in eine neue Tätigkeit gewagt habe.« Oder sie schwärmen: »Meine neuen Kollegen sind richtig nett, endlich habe ich wieder Spaß an meiner Arbeit.«

Damit *Ihr* gedanklicher Flirt mit einem neuen Job ebenfalls zu einem Happy End kommt, ist Ihre aktive Mitarbeit gefragt. Die Übersicht 1 zeigt Ihnen, was Sie beachten sollten, damit der *Partnertausch* gelingt.

Fremdgehen beginnt im Kopf: Wenn Sie sich dabei ertappen, wie Sie immer öfter Stellenanzeigen im Internet oder in Zeitungen sichten, dann kann das ein erstes Signal für eine aufkeimende Krise sein. Nehmen Sie dieses Signal ernst und reflektieren Sie Ihre berufliche Situation gründlich. Nur so können Sie feststellen, was Sie aktuell stört und was Sie verändern möchten.

Wünsche an den Neuen: Sie sind kein Anfänger mehr. Mit der Berufserfahrung sind auch Ihre Wünsche und Ihre Ansprüche gewachsen. Werden Sie sich klar darüber, welche Forderungen Sie an Ihren neuen Arbeitsplatz stellen.

Stärken Sie sich für den Trennungsprozess

Das Auf und Ab der Gefühle: Die einen bevorzugen einen Abschied mit Knalleffekt, andere lösen sich mehr auf Raten. Stärken Sie in jedem Fall Ihre Abwehrkräfte für den bevorstehenden Trennungsprozess. Die Kraft, die Sie für Ihren Neuanfang benötigen, soll schließlich nicht von den Emotionen des Abschieds aufgesaugt werden.

Ohne Selbstbewusstsein geht es nicht: Ausgerechnet in Krisensituationen geht einem der Glaube an die eigenen Stärken oftmals verloren. Führen Sie sich im Detail vor Augen, was Sie alles zu bieten haben. So erreichen Sie die Selbstmotivation, die Sie in der Wechselphase dringend benötigen.

Überzeugungsarbeit: Sie müssen Ihr neues Umfeld von Ihren Fähigkeiten erst noch überzeugen, damit es zu einer langfristigen Bindung kommen kann. Doch es ist gar nicht so leicht, die richtigen Worte zu finden. Üben Sie sich deshalb in der Kunst der gelungenen Selbstdarstellung.

Glauben Sie an die eigenen Stärken

Auf der Pirsch: Es gibt viele verschiedene Wege, um sich dem neuen Job zu nähern. Sie können mit dem Zufall spielen, Kontaktplätze nutzen oder auf die Angebote anderer reagieren. Verlieren Sie bei all Ihren Aktivitäten aber nicht das Ziel aus den Augen. Schon manch einer hat es später bereut, dass er sich nicht rechtzeitig für einen Job entscheiden konnte.

Ihr erster Anruf: Für den ersten Eindruck gibt es keine zweite Chance. Suchen Sie daher *vor* dem ersten Telefongespräch nach den richtigen Worten. Es lohnt sich ebenfalls, im Vorfeld darüber nachzudenken, welche Angebote für Sie interessant sein könnten.

Planen Sie Telefonge-spräche durch

Schwarz auf weiß: Die Qualität Ihrer Bewerbungsunterlagen entscheidet darüber, ob Sie zu einem persönlichen Gespräch mit dem neuen Arbeitgeber eingeladen werden oder nicht. Deshalb sollten diese ersten Arbeitsproben Ihr Gegenüber neugierig machen. Gelingt Ihnen dies, steht dem ersten Rendezvous sicherlich nichts mehr im Wege.

Modern Talking: Mit einer Online-Bewerbung bringen Sie Schwung in Ihr Bewerbungsvorhaben. Damit Ihr Einsatz aber nicht zum Bumerang wird, sollten Sie Ihre Ansprache via Internet sorgfältig vorbereiten.

Der Rückruf: Wenn der ersehnte Rückruf des neuen Arbeitgebers erfolgt, befinden Sie sich mitten in der Balzphase. Sorgen Sie dafür, dass die erste Flamme der Begeisterung nicht wieder erlischt. Achten Sie im Gespräch darauf, die schwierige Balance zwischen reizvoller Zurückhaltung und offensivem Angebot zu halten.

Achten Sie auf die richtige Balance

Auge in Auge: Eine Einladung zum Vorstellungsgespräch bringt Sie einen großen Schritt weiter. Achten Sie darauf, dass die Gesprächsatmosphäre lebendig und anregend ist. Als schüchternes Mauerblümchen wird man kaum Interesse wecken. Wer allerdings überheblich und besserwisserisch vorgeht, wird ebenfalls auf Widerstand stoßen. Nutzen Sie die Gelegenheit zu einem konstruktiven Gespräch, das einen gemeinsamen Blick in die berufliche Zukunft wirft.

Wie sag ich es meinem alten Partner? Schickt man Ihnen einen Arbeitsvertrag zu, ist dies zunächst einmal eine Belohnung für Ihren Mut und Ihre Ausdauer. Nun müssen Sie die endgültige Entscheidung fällen, ob Sie bei Ihrem alten Arbeitgeber bleiben oder zu dem neuen Unternehmen wechseln. Wägen Sie noch einmal gründlich die Vor- und Nachteile beider Alternativen ab. Anders als in der Anfangsphase verfügen Sie mittlerweile über eine breitere Informationsbasis, die Ihnen hilft, die richtige Entscheidung zu treffen.

Machen Sie mit uns den Beziehungs-TÜV. Überprüfen Sie, ob Sie und Ihr alter Arbeitgeber sich auseinander gelebt haben. Verschaffen Sie sich Gewissheit darüber, welche Fähigkeiten Sie zu bieten haben und welchem Unternehmen Sie Ihre Kompetenz und Erfahrung offerieren möchten.

Machen Sie den Beziehungs-TÜV

So gelingt der Partnerwechsel

Krisensignale: Sind Sie reif für den Wechsel?

Ihre Wünsche: Das muss der Neue Ihnen bieten

Übersicht

Trennungsschmerz: hin- und hergerissen

Selbstmotivation: Erkennen Sie Ihre Stärken

Selbstdarstellung: So präsentieren Sie sich optimal

Orte für den Flirt: Hier lohnt sich die Kontaktanbahnung

Telefonkontakte: Machen Sie sich interessant

Liebesbriefe: Überzeugen Sie mit Anschreiben und Lebenslauf

Internet-Flirt: Ihr Profil in der Online-Bewerbung

Rückruf: Nur nicht nervös werden

First Date: Lassen Sie im Vorstellungsgespräch Ihren Charme spielen

Entscheidung: bleiben oder gehen?

Der souveräne Abschied

Happy End

1

Wenn es kriselt: Diese Signale dürfen Sie nicht ignorieren!

Bei Schwierigkeiten am Arbeitsplatz besteht allgemein die Tendenz, sich zu lange der persönlich belastenden Situation auszusetzen. Meist wissen die Betroffenen nicht einmal, was der Grund für die Probleme ist und welche Auswege ihnen zur Verfügung stehen. Nur die wenigsten können auf Anhieb konkrete Gründe für das diffuse Gefühl ihres Unwohlseins angeben. Die Unsicherheit über die eigenen Gefühle lässt einen Wechsel des Arbeitsplatzes zumeist als *letzten* Ausweg erscheinen und wird daher oft viel zu lange hinausgezögert. Verschaffen Sie sich rechtzeitig Klarheit darüber, was in Ihnen vorgeht. Setzen Sie sich mit der Frage auseinander, wo die Ursachen für Ihre Unzufriedenheit liegen.

Die Probleme mit dem Arbeitsplatz, also die Gründe für die Beziehungskrise, fallen nicht plötzlich vom Himmel. In der Regel gibt es über einen längeren Zeitraum Warnzeichen dafür, dass etwas nicht stimmt: Sehnen Sie immer öfter den Feierabend herbei? Beginnen Sie schon nach der Mittagspause damit, alle zehn Minuten auf die Uhr zu schauen? Entlockt Ihnen der Gedanke an Konferenzen und Meetings nur noch ein müdes Gähnen? Haben Sie damit angefangen, Kollegen und Vorgesetzten aus dem Weg zu gehen? Fühlen Sie sich immer öfter gereizt und genervt, weil Sie um sich herum nur Störenfriede und Blockaden sehen?

Nehmen Sie die Krisensignale wahr

Natürlich gibt es im Berufsleben immer wieder Phasen, in denen nicht alles so optimal läuft, wie Sie es sich wünschen. Problematisch wird es aber dann, wenn sich die Schwierigkeiten und Störungen verfestigen. Gewinnen Sie den Eindruck, dass am Ende des Tunnels kein Licht mehr zu sehen ist, sollten **Agieren statt** Sie das Heft des Handelns in die eigenen Hände nehmen. War-**reagieren** ten Sie nicht darauf, dass sich Ihre Probleme von selbst in Luft auflösen. Stellen Sie sich der belastenden Situation, um sie in den Griff zu bekommen. Werden Sie sich darüber klar, was verkehrt läuft und welche Handlungsalternativen Ihnen zur Verfügung stehen.

So kann es nicht weitergehen

Ob in der Partnerschaft oder am Arbeitsplatz – viele Menschen verspüren ein unterschwelliges Gefühl der Unzufriedenheit, wenn die Dinge nicht so laufen, wie sie es sollten. Die Antennen für Missstände sind bei jedem vorhanden, und auch Frustrationen kennen die meisten. Doch es fällt schwer, solch diffuse Gefühle der Unzufriedenheit auf bestimmte Ursachen zurückzuführen. Was genau stört, kann sehr oft nicht präzise benannt werden. Es kann deshalb lange dauern, bis man sich endlich eingesteht, dass sich etwas ändern muss, dass man selbst handeln muss.

Aus unserer Beratungspraxis
Zwischen allen Stühlen

Beratung

Ein Bankkaufmann suchte uns auf, um seine berufliche Situation zu klären. Seit drei Jahren war er bei seinem Arbeitgeber in der Kreditabteilung tätig. Mit den Arbeitsinhalten und den Kunden kam er gut zurecht. Was ihm Sorge bereitete, waren die Fortschritte in dem von ihm betreuten Projekt »Allfinanz«. Seit einem Jahr konnte er keinerlei Bewegung mehr in diesem Projekt verzeichnen. Nun fürchtete unser Kunde, dass man es ihm zur Last legen würde, dass das Projekt keine Fortschritte machte.

Die Einbindung von Allfinanzkonzepten in das Beratungsgeschäft lag dem Bankkaufmann sehr am Herzen. Bei einer anderen Bank hatte er bereits erfolgreich in diesem Sektor gearbeitet. Daher war bei seiner Einstellung festgelegt worden, dass die Betreuung solcher Projekte in seinen Aufgabenbereich fällt. Die nur geringen Fortschritte bereiteten unserem Kunden erhebliches Kopfzerbrechen. Seine Motivation war zwischenzeitlich ebenfalls stark gesunken. Er hatte sogar an einen Arbeitgeberwechsel gedacht und einige Bewerbungsschreiben auf den Weg gebracht. Diese zeigten jedoch keinen Erfolg, und unser Kunde fügte sich zähneknirschend wieder in sein Schicksal.

Die Analyse der Situation ergab, dass die geringen Projektfortschritte nicht von unserem Kunden zu verantworten waren. Neben der recht hohen Fluktuation an Mitarbeitern – die eine verlässliche Zusammenarbeit mit den Vertretern der einzelnen Abteilungen nicht zuließ – beeinträchtigte das nicht zu unterschätzende Kompetenzgerangel in der Führungsriege des Unternehmens die Arbeitssituation ebenfalls. Das Problem des Bankkaufmanns lag nicht in seiner Tätigkeit als Kundenbetreuer begründet. Er litt vielmehr daran, dass er in dem Unternehmen nichts bewegen konnte und ein wichtiges Projekt zu scheitern drohte.

In unserem Beratungsgespräch gelangte der Kunde zu der Erkenntnis, dass er sowohl an der hohen Fluktuation im Unternehmen als auch an der Zerstrittenheit innerhalb der Führungsriege nichts würde ändern können. Sein Engagement und sein Gestaltungswille waren bei seinem Arbeitgeber nicht gefragt. Doch ein Rückzug auf den »Dienst nach Vorschrift« kam für den Bankkaufmann nicht infrage. Daher war sein intuitiver Impuls, sich wegzubewerben, durchaus ein Schritt in die richtige Richtung gewesen. Allerdings bedurfte es noch einiger Anstrengungen, um seine Bewerbungsunterlagen erfolgversprechender zu gestalten. Die Stärken, die in unserem Gespräch deutlich geworden waren, fanden sich in seinen bisherigen Bewerbungen nicht wieder. Zusammen mit uns entwickelte er ein aussagekräftiges Stärkenprofil, und er lernte, schriftlich und mündlich überzeugend in Erscheinung zu treten.

Fazit: Das diffuse Gefühl, in einer Sackgasse zu stecken, ist auf Dauer kräftezehrend und demotivierend. Sich einfach mit der Situation abzufinden und im Gegenzug den persönlichen Einsatz für die Firma zu reduzieren, ist für viele Arbeitnehmer unbefriedigend. Doch statt selbst aktiv zu werden, hoffen die meisten wider besseres Wissen auf eine Wunderheilung. Dabei gibt es stets mehr Möglichkeiten, als auf den ersten Blick wahrgenommen werden. Damit diese genutzt werden können, ist es aber unverzichtbar, die Augen zu öffnen und eine realistische Situationsklärung durchzuführen.

Leiten Sie sinnvolle Veränderungen ein In unserer Beratungspraxis begegnen uns immer wieder Arbeitnehmer, die sich ihrer Meinung nach in einer schwierigen und nahezu ausweglosen Lage befinden. Um sinnvolle Veränderungen einzuleiten, bedarf es mehrerer, aufeinander abgestimmter Schritte. Zuerst muss die Problemlage analysiert werden. Erst dann können Handlungsmöglichkeiten entwickelt werden. Sehr oft fehlt es allerdings an der Bereitschaft, sich gründlich mit der eigenen Lage auseinander zu setzen. Veränderung bedeutet schließlich immer ein gewisses Risiko. In den meisten Fällen sind starke Beharrungskräfte mit am Werk, die die eigenen Handlungsimpulse erfolgreich unterdrücken. Doch Schuldvorwürfe wie »Wieso passiert das gerade mir?«, »Warum musste ich an diesen Vorgesetzten geraten?« oder »Weshalb habe ich immer Pech mit meinen Jobs?« helfen nicht weiter. Lediglich über die Schwierigkeiten nachzudenken, schafft sie noch lange nicht aus dem Weg.

Setzen Sie sich mit Ihrer momentanen Lage auseinander

In einigen Fällen lassen sich die Probleme am Arbeitsplatz lösen. Manchmal ist jedoch der Arbeitsplatz selbst das eigentliche Problem. Die Kraft eines Einzelnen reicht selten aus, um einen entscheidenden Einfluss auf das Firmengefüge, die Unternehmenskultur oder die Personalpolitik zu nehmen. Infolgedessen kommt dem Wechsel des Arbeitsplatzes auf dem Weg zu mehr Zufriedenheit eine entscheidende Rolle zu.

Klären Sie nun für sich, ob Sie die Situation an Ihrem Arbeitsplatz so stark belastet, dass Sie sich intensivere Gedanken über einen Wechsel des Arbeitsplatzes machen sollten.

Selbsteinschätzung: Bin ich reif für den Wechsel?

Werden Sie sich klar darüber, was Sie an Ihrem Arbeitsplatz stört. Es kann natürlich nicht immer *alles* glatt laufen. In jeder beruflichen Tätigkeit gibt es schwierige Phasen, die man möglichst schnell hinter sich bringen möchte. Manifestieren sich aber Schwierigkeiten und Spannungen, sollten Sie dies nicht ignorieren. Verschaffen Sie sich einen Überblick darüber, in welchen Bereichen Probleme auftreten und was Sie stört.

Betreiben Sie Ursachenforschung

Test: Reif für den Wechsel?

Gehen Sie systematisch vor

Gehen Sie bei Ihrer Ursachenforschung systematisch vor. Unser Test »Reif für den Wechsel?« hilft Ihnen dabei. Wir haben für Sie sechs Blöcke zusammengestellt – Vorgesetzte, Arbeitsinhalte, Kollegen, Firma, berufliche Zukunft und persönliche Zufriedenheit. Mithilfe eines jeden Blocks können Sie Ihre Selbstanalyse fokussieren und sich auf ausgewählte Bereiche konzentrieren. Auf diese Weise können Sie ermitteln, welche Situationen von Ihnen im Einzelnen als belastend empfunden werden.

Vorgesetzte

Test Vorgesetzte

- Blockiert mein Vorgesetzter meine Ideen?
  ○ *trifft zu*   ○ *trifft nicht zu*

- Frage ich mich immer wieder, wer meinen Chef eingestellt hat?
  ○ *trifft zu*   ○ *trifft nicht zu*

- Spreche ich meinem Vorgesetzten Führungskompetenz ab?
  ○ *trifft zu*   ○ *trifft nicht zu*

- Ist mein Vorgesetzter unberechenbar?
  ○ *trifft zu*   ○ *trifft nicht zu*

- Verkauft mein Vorgesetzter meine Vorschläge als seine Ideen?
  ○ *trifft zu*   ○ *trifft nicht zu*

- Kritisiert mein Vorgesetzter ständig meine Arbeitsergebnisse?
  ○ *trifft zu*   ○ *trifft nicht zu*

- Betrachtet mich mein Vorgesetzter als seinen Leibeigenen?
  ○ *trifft zu*   ○ *trifft nicht zu*

- Bin ich der festen Überzeugung, dass ich ein besserer Chef wäre als mein Vorgesetzter?
  ○ *trifft zu*   ○ *trifft nicht zu*

- Ist mein Chef ein Radfahrer (nach oben buckeln, nach unten treten)?
  ○ *trifft zu*   ○ *trifft nicht zu*

- Spricht mein Vorgesetzter schlecht über mich?
  ○ *trifft zu*   ○ *trifft nicht zu*

Arbeitsinhalte

- Fühle ich mich durch die Arbeit überfordert?
  ○ *trifft zu*   ○ *trifft nicht zu*

- Ersticke ich an Routineaufgaben?
  ○ *trifft zu*   ○ *trifft nicht zu*

Test
Arbeitsinhalte

- Fehlt mir eine Rückmeldung über meine Arbeitsergebnisse?
  ○ *trifft zu*   ○ *trifft nicht zu*

- Fehlen mir Freiräume für eigene Entscheidungen?
  - ○ trifft zu   ○ trifft nicht zu

- Habe ich das Gefühl, dass ich nicht entsprechend meinen Fähigkeiten eingesetzt werde?
  - ○ trifft zu   ○ trifft nicht zu

- Fehlt mir die intellektuelle Herausforderung bei meiner Arbeit?
  - ○ trifft zu   ○ trifft nicht zu

- Kann ich mich mit den Produkten oder Dienstleistungen meiner Firma identifizieren?
  - ○ trifft zu   ○ trifft nicht zu

- Fehlen mir Erfolgserlebnisse?
  - ○ trifft zu   ○ trifft nicht zu

- Erschreckt mich der Gedanke, auch noch in fünf Jahren mit den gleichen Aufgaben betraut zu sein?
  - ○ trifft zu   ○ trifft nicht zu

- Würde ich einen anderen Beruf wählen, wenn ich noch einmal von vorn anfangen könnte?
  - ○ trifft zu   ○ trifft nicht zu

Kollegen

- Werde ich in Konferenzen regelmäßig untergebuttert?
  - ○ trifft zu   ○ trifft nicht zu

- Gehe ich meinen Kollegen nach Möglichkeit aus dem Weg?
  ○ *trifft zu*   ○ *trifft nicht zu*

- Sitze ich in der Kantine allein am Tisch?
  ○ *trifft zu*   ○ *trifft nicht zu*

- Werden mir Informationen vorenthalten?
  ○ *trifft zu*   ○ *trifft nicht zu*

- Sind Gerüchte über mich im Umlauf?
  ○ *trifft zu*   ○ *trifft nicht zu*

- Muss ich auch noch die Arbeit der Kollegen erledigen?
  ○ *trifft zu*   ○ *trifft nicht zu*

- Läuft die Arbeit besser, wenn die Kollegen krank sind?
  ○ *trifft zu*   ○ *trifft nicht zu*

- Stürzen sich meine Kollegen auf jeden Fehler, den ich mache?
  ○ *trifft zu*   ○ *trifft nicht zu*

- Vermisse ich den Teamgeist?
  ○ *trifft zu*   ○ *trifft nicht zu*

- Stellen mir die Kollegen bei wichtigen Projekten Hindernisse in den Weg?
  ○ *trifft zu*   ○ *trifft nicht zu*

- Werde ich zwischen den Interessen verschiedener Abteilungen zerrieben?
  ○ *trifft zu*   ○ *trifft nicht zu*

- Fehlen mir Möglichkeiten, Verbesserungsvorschläge zu machen und Veränderungen anzukurbeln?
  ○ *trifft zu*   ○ *trifft nicht zu*

- Ist die Entscheidungsfindung in der Firma undurchsichtig?
  ○ *trifft zu*   ○ *trifft nicht zu*

- Werden Konflikte unter den Teppich gekehrt, statt sie aktiv anzugehen?
  ○ *trifft zu*   ○ *trifft nicht zu*

- Ist die Firma wirtschaftlich angeschlagen?
  ○ *trifft zu*   ○ *trifft nicht zu*

- Werde ich bei wichtigen Entscheidungen (Abbau von Überstunden, Beförderung, Personalaufstockung, Etatausweitung) ständig auf später vertröstet?
  ○ *trifft zu*   ○ *trifft nicht zu*

- Herrscht eine hohe Mitarbeiterfluktuation?
  ○ *trifft zu*   ○ *trifft nicht zu*

- Kümmert sich die Firma zu wenig um die persönlichen Belange der Mitarbeiter (Alterssicherung, Freizeitmöglichkeiten, Kinderbetreuung)?
  ○ *trifft zu*   ○ *trifft nicht zu*

- Werden die Mitarbeiter im Unklaren über die Geschäfts-
entwicklung der Firma gelassen?
  ○ *trifft zu*   ○ *trifft nicht zu*

- Gibt es im Unternehmen Seilschaften, die mir den Aufstieg verwehren?
  ○ *trifft zu*   ○ *trifft nicht zu*

Berufliche Zukunft

- Ist mir bei meinem Arbeitgeber die nächste Karriere-
stufe verbaut?
  ○ *trifft zu*   ○ *trifft nicht zu*

- Glaube ich, dass ich in einer anderen Umgebung mehr
leisten könnte?
  ○ *trifft zu*   ○ *trifft nicht zu*

- Ist Personalentwicklung für meine Firma ein Fremd-
wort?
  ○ *trifft zu*   ○ *trifft nicht zu*

- Will ich einen Gehaltssprung machen?
  ○ *trifft zu*   ○ *trifft nicht zu*

- Reizen mich neue Aufgaben?
  ○ *trifft zu*   ○ *trifft nicht zu*

- Wird meine Leistungsfähigkeit verkannt?
  ○ *trifft zu*   ○ *trifft nicht zu*

Test
berufliche
Zukunft

- Fehlen mir Weiterbildungsmöglichkeiten?
  ○ *trifft zu*   ○ *trifft nicht zu*

- Werden mir Karriereoptionen vorenthalten?
  ○ *trifft zu*   ○ *trifft nicht zu*

- Wird mein Führungspotenzial unterschätzt?
  ○ *trifft zu*   ○ *trifft nicht zu*

- Wünsche ich mir ein Arbeitsumfeld mit mehr Dynamik?
  ○ *trifft zu*   ○ *trifft nicht zu*

Persönliche Zufriedenheit

Test
persönliche
Zufriedenheit

- Stellen sich Erfolgserlebnisse eher bei Freizeitbeschäftigungen ein als am Arbeitsplatz?
  ○ *trifft zu*   ○ *trifft nicht zu*

- Bin ich unzufrieden, weil ich in meiner momentanen Position meine beruflichen Ziele nicht verwirklichen kann?
  ○ *trifft zu*   ○ *trifft nicht zu*

- Stört es mich, dass Kollegen besser bezahlt werden als ich?
  ○ *trifft zu*   ○ *trifft nicht zu*

- Fällt es meinem Lebenspartner schwer, meine Arbeitsbelastung zu akzeptieren?
  ○ *trifft zu*   ○ *trifft nicht zu*

- Erscheint mir meine jetzige Tätigkeit nur als Durchgangsstation?
  - ○ *trifft zu*　　　　　　○ *trifft nicht zu*

- Hänge ich eher anderen Gedanken nach, als mich auf die Arbeit zu konzentrieren?
  - ○ *trifft zu*　　　　　　○ *trifft nicht zu*

- Leide ich unter Dauerstress?
  - ○ *trifft zu*　　　　　　○ *trifft nicht zu*

- Stellen sich auf dem Weg zum Arbeitsplatz Gereiztheit und Unlust ein?
  - ○ *trifft zu*　　　　　　○ *trifft nicht zu*

- Glaube ich, dass die Arbeit mich an meiner persönlichen Weiterentwicklung hindert?
  - ○ *trifft zu*　　　　　　○ *trifft nicht zu*

- Vermisse ich Anerkennung für meine berufliche Leistung?
  - ○ *trifft zu*　　　　　　○ *trifft nicht zu*

Der Test wird Sie mit der einen oder anderen Frage sicherlich zum Nachdenken gebracht haben. Eine solche gedankliche Auseinandersetzung ist für eine genaue Klärung der eigenen Situation sehr wichtig.

Klären Sie Ihre Situation

Üblicherweise treten die Schwierigkeiten nicht in allen aufgeführten Bereichen zugleich auf. Einigen machen die lieben Kollegen den Arbeitstag schwer, andere hingegen können nicht mit der neuen Chefin oder dem neuen Chef und wieder anderen erscheint ihre Tätigkeit nicht mehr sinnvoll, weil ihnen zu

**Nehmen Sie Ihre Unzufriedenheit mit dem Job
nicht mit in den Schlaf!**

**In welchen
Bereichen
gibt es
Schwierig-
keiten?** viel Routine in den Arbeitsabläufen steckt. Doch so viel ist sicher: Je öfter Sie »trifft zu« angekreuzt haben, als desto problematischer erweist sich die Situation an Ihrem derzeitigen Arbeitsplatz. Sie haben ganz konkrete Schwierigkeiten, die Ihnen die Freude an der Arbeit verleiden.

Wenn Sie mithilfe des Tests festgestellt haben, dass Ihre Unzufriedenheit nicht auf die private Lebenssituation zurückzuführen ist, sondern im Arbeitsverhältnis begründet liegt, müssen Sie in diesem Bereich handeln. Entwerfen Sie zunächst einen Plan, der es Ihnen ermöglicht, sich Schritt für Schritt aus der unbefriedigenden Situation zu befreien.

Wege aus der Krise

Nutzen Sie Ihr bestehendes Arbeitsverhältnis, um sich aus der Deckung heraus gezielt nach einer neuen Tätigkeit umzusehen. Auch wenn die Versuchung, alles hinzuschmeißen, manchmal nahe liegt, wäre dies in der Regel die schlechtere Alternative. Es nützt Ihnen schließlich nichts, wenn Sie am neuen Arbeitsplatz wieder auf die gleichen Missstände stoßen. Und das Risiko, erneut ein demotivierendes Arbeitsumfeld anzutreffen, ist bei überstürzten Bewerbungen groß. Zudem erschweren zu viele Stellenwechsel in kurzer Zeit weitere Bewerbungsaktivitäten und können zu einem so genannten Karriereknick führen. **Agieren Sie aus der sicheren Deckung heraus**

Schlecht vorbereitet und überstürzt den Job gewechselt zu haben, ist ein Problem, das in der Beratungspraxis immer wieder zur Sprache kommt. Doch auch ein ausgeprägtes Beharrungsvermögen führt viele Kunden in die Beratung. Den meisten Arbeitnehmern fällt es nämlich schwer, sich den Schwierigkeiten an ihrem Arbeitsplatz zu stellen und aktiv einen Ausweg zu suchen. Die alltäglichen Missstände werden oftmals sogar so lange hingenommen, bis die Probleme ins Privatleben ausstrahlen, sie das körperliche Wohlbefinden des Arbeitnehmers beeinträchtigen oder die Firma ihrerseits auf die Situation reagiert und eine Kündigung ausspricht. **Analysieren Sie Ihre Situation genau**

Beide Gruppen, die voreiligen Bewerber gleichermaßen wie die zögerlichen, verschenken Vorteile, die sie sich mit einer guten Vorbereitung hätten sichern können. Eine bewusst und planvoll angegangene Wahl eines neuen Arbeitgebers zahlt sich in jedem Fall aus. Aus unserer Beratungspraxis wissen wir, dass sowohl diejenigen, die sich vorschnell für einen anderen Arbeitgeber entscheiden, als auch diejenigen, die sich nicht von ihrem Arbeitsplatz lösen können, daran leiden, dass sie nicht über geeignete Bewerbungsstrategien verfügen.

Die typischen Bewerberschwierigkeiten

Die Hauptschwierigkeiten liegen darin, dass diesen Personen die eigenen Stärken nicht bewusst sind, dass sie kein aussagekräftiges Profil definieren können und dass die Kontaktaufnahme unprofessionell verläuft. Daneben fehlt es häufig an der Kenntnis potenzieller Arbeitgeber, wodurch die Bewerbungsmöglichkeiten stark eingeschränkt werden. Die Konsequenzen sind: keine Bewerbungsversuche oder aber Standardbewerbungen nach Schema F, die nur selten die Aufmerksamkeit von Personalverantwortlichen erreichen und deren Erfolg eher dem Zufall überlassen bleibt. Das stille Leiden am Arbeitsplatz geht also weiter.

Dabei lohnt es sich, das Schicksal selbst in die Hand zu nehmen. Ihnen stehen nämlich mehr Möglichkeiten für den Wechsel offen, als Ihnen momentan bewusst ist. Sie werden im Weiteren erfahren, wie Sie die angeführten Probleme bei einer Bewerbung vermeiden und was Sie dafür tun können, den perfekten Arbeitsplatz zu finden.

Auf einen Blick

Wenn es kriselt:
Diese Signale dürfen Sie nicht ignorieren!

Im Blick

- Die Unzufriedenheit mit dem Arbeitsplatz wird oft so lange unterdrückt, bis sie in eine handfeste Krise mündet.
- Den meisten Arbeitnehmern fällt es schwer, die Gründe für die belastende Situation exakt zu benennen.
- Das Gefühl der Ohnmacht, in einer Sackgasse zu stecken, raubt Energie und wirkt demotivierend. Es ist besser, die En-

ergieverluste zu begrenzen und den Blick nach vorn zu richten.

- Eine realistische Situationsklärung ist die Voraussetzung dafür, geeignete Handlungsmöglichkeiten zu entwickeln.
- Oft lassen sich Probleme am Arbeitsplatz nicht zufrieden stellend lösen. Ein Jobwechsel wird dann unumgänglich.
- Schärfen Sie Ihr Problembewusstsein. Durchleuchten Sie Ihr Verhältnis zu den Vorgesetzten. Stellen Sie fest, ob Sie mit Ihren Arbeitsinhalten zufrieden sind. Überprüfen Sie, ob Sie mit den Kollegen zurechtkommen. Ergründen Sie die herrschende Firmenkultur. Machen Sie sich Gedanken über Ihre berufliche Zukunft. Messen Sie den Grad Ihrer persönlichen Zufriedenheit.
- Stellen Sie Schwierigkeiten in mehreren der genannten Bereiche fest, sollten Sie einen Wechsel Ihres Arbeitsplatzes ins Auge fassen. Gehen Sie aber nicht überstürzt vor. Legen Sie sich eine sinnvolle Strategie zurecht.

2

Ihre Wünsche an den Neuen

Ihre Empfindung »Ich muss hier weg!« ist wichtig. Sie erleichtert es Ihnen, Veränderungsprozesse einzuleiten. Die bloße Ablehnung des Alten hilft Ihnen aber nicht dabei, zu entscheiden, was Sie denn in Zukunft erreichen wollen. Verlassen Sie sich nicht darauf, dass sich mit dem Wechsel all Ihre Probleme in Luft auflösen. Damit Sie nicht von einem Unglück in das nächste stolpern, sollten Sie sich klar darüber werden, was für Sie unverzichtbar ist und was eher nebensächlich: Definieren Sie Ihre Wünsche an den Neuen.

Ihre Erfahrung ist gefragt Ihr Ziel ist ein neuer Arbeitsplatz. Dabei kommt es für Sie darauf an, nicht irgendeine neue Tätigkeit aufzunehmen, sondern ein optimales Beschäftigungsverhältnis zu finden. In Ihrer bisherigen Berufstätigkeit haben Sie bereits vielfältige Erfahrungen gewonnen, die Ihnen Hinweise darauf geben können, wie Ihr neues Arbeitsumfeld gestaltet sein soll. Nutzen Sie Ihre Erfahrungen, um Ihre Wünsche an den neuen Arbeitsplatz zu definieren: Ist es Ihnen wichtig, mehr Projektverantwortung zu übernehmen? Ist für Sie ein Vorgesetzter unverzichtbar, der Sie unterstützt und fördert? Legen Sie Wert auf ein Produkt oder eine Dienstleistung, mit dem oder mit der Sie sich identifizieren können? Oder wünschen Sie sich Kollegen, die bei der Arbeit alle an einem Strang ziehen?

Einen Arbeitsplatz, an dem paradiesische Zustände herrschen, gibt es nur in Ausnahmefällen. Sicherlich halten Sie es auch für eine Utopie, fernab jeglicher Anstrengungen den Ge-

Gegeneinander bewegt sich nichts

haltsscheck überreicht zu bekommen. Einige Kompromisse werden Sie schon eingehen müssen. Die Kunst des gelungenen Stellenwechsels beginnt damit, dass Sie zunächst einen Wunschkatalog erstellen, der die positiven Aspekte Ihrer bisherigen Tätigkeit enthält. So können Sie festlegen, was Sie in Zukunft auf jeden Fall fortführen möchten und worauf Sie gern verzichten können. Nur wenn Ihnen Ihr Ziel klar vor Augen steht, können Sie die nächsten Schritte auf dem Weg zu Ihrer Wunschposition einleiten.

Was Sie momentan am meisten beschäftigen dürfte, sind sicherlich die Missstände an Ihrem momentanen Arbeitsplatz. **Blicken Sie** Mithilfe unseres Tests »Reif für den Wechsel?« haben Sie be- **in die Zukunft** reits Ursachenforschung betrieben und die Probleme näher eingekreist. Jetzt ist der Blick nach vorn gefragt.

Es geht zum einen darum, die unbefriedigende Situation am momentanen Arbeitsplatz zu durchleuchten und die sich daraus ergebenden Konsequenzen für ein neues Beschäftigungsverhältnis zu nutzen. Eine Frage, der Sie sich stellen müssen, lautet daher: Was soll sich ändern?

Doch Sie haben gewiss nicht nur Änderungswünsche. Ihre bisherige Berufstätigkeit wird auch positive Aspekte gehabt haben. Diese sollten Sie ausreichend würdigen. Bestimmt möchten Sie einen Teil der Ihnen vertrauten Arbeitsweise in das neue Beschäftigungsverhältnis überführen. Deshalb müssen Sie sich zum anderen mit der Frage auseinander setzen: Was soll bleiben?

Was soll sich ändern?

Nennen Sie die Dinge beim Namen Bisher haben Sie daran gearbeitet, sich der Schwierigkeiten an Ihrem augenblicklichen Arbeitsplatz bewusst zu werden und sie konkret zu benennen. Im Folgenden geht es um die Konsequenzen, die sich daraus für Sie selbst und Ihre Suche nach einem neuen Job ergeben. Haben Sie beispielsweise Probleme mit Ihrem Vorgesetzten, könnte dies verschiedene Ursachen haben. Ist er nicht zum Gespräch bereit? Fehlt es ihm an fachlichem Durchblick? Arbeitet er unstrukturiert?

Je präziser Sie die Schwierigkeiten benennen können, desto einfacher wird es Ihnen fallen, im Bewerbungsverfahren ein Gespür dafür zu entwickeln, welcher neue Arbeitgeber der richtige für Sie sein könnte. Unser Beispiel »Wünsche an den neuen Chef« zeigt Ihnen, wie Sie aus der Kritik an Bestehendem Anregungen für Neues gewinnen können.

Wünsche an den neuen Chef

Beispiel Für den Bewerbungsprozess reicht es nicht aus, lediglich festzustellen: »Mein Vorgesetzter ist unfähig!« Um zu verhindern, dass Sie auch in der nächsten Anstellung auf einen inkompetenten Chef stoßen, müssen Sie

Wünsche formulieren können, die Sie an seine Qualifikation stellen. Beispielsweise so:

1. »Ich brauche einen Chef mit soliden Fachkenntnissen, um zu einer besseren Verständigung zu kommen.«
2. »Meine neue Chefin sollte eine starke Position im Unternehmen haben, damit sie mir den Rücken freihalten kann.«
3. »Der nächste Vorgesetzte soll konfliktfähig sein. Kritik sollte offen und produktiv geäußert werden können.«

Nicht immer ist der Chef das Problem für die Schwierigkeiten am Arbeitsplatz. Manche Probleme liegen in der Firmenstruktur oder im Unternehmen selbst begründet. Wenn dies der Fall ist, sollten Sie aus den festgestellten Missständen konkrete Ansprüche an das neue Unternehmen ableiten.

Wünsche an die neue Firma

Beispiel

Sind Sie zu der Einschätzung gekommen: »In meiner Firma geht es drunter und drüber! Ich brauche mehr Verlässlichkeit, um in Ruhe arbeiten zu können!«? Dann sollten Sie die Gründe für die Schwierigkeiten als Basis für zukünftige Forderungen nutzen.

1. »In der neuen Firma sollen Verantwortungsbereiche klar gegeneinander abgegrenzt sein, damit unnötige Machtkämpfe vermieden werden.«
2. »Die neue Firma soll eine gesicherte Marktposition haben. Denn bei starker Expansion herrscht ein ständiger Arbeitskräftemangel.«
3. »Die neue Firma soll über gute Weiterbildungsmöglichkeiten verfügen, damit ich auf dem Laufenden bleibe.«

Unsere Beispiele haben Ihnen verdeutlicht, wie wichtig es ist, positive Formulierungen zu verwenden. Es bringt Sie nicht weiter, in Kritik zu verharren und sich lediglich den negativen Stimmungen hinzugeben. Verhindern Sie, dass sich Ihre Moti-

Kommen Sie zu neuem Schwung

vationsakkus immer mehr entladen. Definieren Sie Ziele, auf die Sie sich freuen können und die Ihnen neuen Schwung geben.

Machen Sie nun unsere Übung »Vom Guten des Schlechten«, um die wesentlichen Aspekte zu definieren, denen Ihr neuer Arbeitsplatz auf jeden Fall genügen soll. Lösen Sie die unproduktiven Spannungen auf, denen Sie sich in der letzten Zeit ausgesetzt gefühlt haben, und gewinnen Sie weitere wichtige Erkenntnisse für Ihren Wechsel.

Vom Guten des Schlechten

Übung

Betrachten Sie noch einmal aufmerksam die einzelnen Kritikpunkte, die Sie an Ihrem Arbeitsplatz stören. Sie können dabei auf den Test »Reif für den Wechsel?« zurückgreifen. Überlegen Sie sich nun, wie Ihre Probleme aus der Welt geschafft werden können: Wie muss Ihr neuer Arbeitsplatz gestaltet sein? Welche Rahmenbedingungen sollten dort gegeben sein? Was erwarten Sie von den Vorgesetzten und den Kollegen?

Orientieren Sie sich an unseren Beispielen. Benennen Sie zunächst die Störfaktoren, die Sie in der momentanen Position demotivieren. Geben Sie anschließend einen Wunschzustand an, der diese Störfaktoren ausschließen würde.

- Das stört mich: . . . .

. . . .

Von meinem neuen Job wünsche ich mir deshalb:

. . . .

. . . .

- Das stört mich: . . . .
. . . .

  Von meinem neuen Job wünsche ich mir deshalb:
  . . . .
  . . . .

- Das stört mich: . . . .
. . . .

  Von meinem neuen Job wünsche ich mir deshalb:
  . . . .
  . . . .

Damit Sie sich während des Bewerbungsverfahrens Ihre Wünsche und Forderungen an den neuen Arbeitsplatz immer wieder bewusst machen können, dient der in der Übung entwickelte Wunschzettel als Checkliste. Ein Bewerbungsverfahren ist meist ein langwieriger Prozess: Sie werden Stellenanzeigen auswerten, Informationen über Arbeitgeber recherchieren, Telefongespräche führen, Anschreiben verfassen, Lebensläufe entwickeln, Bewerbungsmappen zusammenstellen und schließlich Vorstellungsgespräche führen. Bei jedem dieser Bewerbungsschritte sollten Sie sich immer wieder fragen: »Ist der Neue der Richtige für mich?« Es besteht nämlich sonst die Gefahr, dass diese zentrale Frage allzu leicht aus dem Blick gerät.

Behalten Sie Ihre Wünsche im Blick

Gerade wenn die Nerven blank liegen, ist die Versuchung groß, den einfacheren Weg zu wählen und das erstbeste Jobangebot anzunehmen. Beugen Sie einer solchen Kurzschlusshandlung vor, indem Sie sich immer wieder bewusst machen, welche Veränderungen Sie auf jeden Fall mit dem Wechsel erreichen möchten. Vermeiden Sie es, aus Panik eine falsche Weichenstellung für Ihre berufliche Zukunft vorzunehmen. Definieren Sie aber auch, auf was Sie im nächsten Job keinesfalls verzichten möchten. Nur so können Sie überprüfen, ob Sie mit dem Wechsel des Arbeitsplatzes Ihren Wunschvorstellungen tatsächlich näher kommen.

Was soll bleiben?

Es gab auch schöne Zeiten Neben den Wünschen, was sich alles verändern soll, sollten Sie auch festhalten, was Ihnen an Ihrer Arbeitsstelle gut gefallen hat. Über Schwierigkeiten am Arbeitsplatz geraten die positiven Aspekte schnell in den Hintergrund. Sie können sicherlich auf einen großen Fundus an beruflichen Erfahrungen zurückblicken und haben eine individuelle Arbeitsweise entwickelt, die Ihre Stärken zum Tragen bringt. Diese Basis Ihrer beruflichen Existenz sollten Sie offensiv vertreten: Sie ist das Pfund, mit dem Sie wuchern können.

Besinnen Sie sich auf Ihre beruflichen Erfahrungen. Verschaffen Sie sich Klarheit darüber, welche Arbeitsweisen Sie beibehalten möchten und mit welchen Inhalten Sie sich auch zukünftig beschäftigen möchten: Wünschen Sie sich viele Freiräume für eigene Entscheidungen? Reizt Sie die Herausforderung, mehrere Projekte gleichzeitig zu betreuen? Wollen Sie in Ihrem Spezialgebiet tätig bleiben? Sind Sie gern unterwegs? Oder streben Sie mehr Personalverantwortung an?

Mit Freude im Marketing

Beispiel Eine Marketingreferentin möchte sich beruflich verändern. Sie ist mit dem Arbeitsklima in ihrem Verlag nicht zufrieden. In den vergangenen Berufsjahren hat sie jedoch festgestellt, dass ihr einige Tätigkeiten besonders liegen. Auch mit den Arbeitsabläufen im Marketing ist sie eigentlich sehr zufrieden. Ihre Rückschau ergibt, dass sie in der neuen Position die folgenden Aufgaben weiterhin ausüben möchte.

1. Kreativsitzungen mit Werbeagenturen
2. Abteilungsübergreifendes Arbeiten, wie Abstimmung von Marketingaktivitäten und Pressearbeit
3. Durchführung von Direktmarketingaktionen
4. Verwaltung eines eigenen Budgets
5. Weiterentwicklung des Internetauftritts

Sie müssen Ihr berufliches Dasein nicht von Grund auf umkrempeln, um in Zukunft zufriedener zu arbeiten. Aus den bisher gewonnenen Erfahrungen schöpfen Sie schließlich Ihr Selbstbewusstsein, das Sie für die Verhandlungen mit neuen Arbeitgebern dringend benötigen. Sie sollten nicht allein die Faktoren Ihrer Arbeit ausschalten, die Sie stören, sondern Sie sollten sich zum Ziel setzen, in Zukunft Ihre Stärken besser einzusetzen. Ihre bisherige Berufserfahrung gibt Ihnen Sicherheit für Ihre neuen beruflichen Aufgaben. Stellen Sie daher mithilfe der folgenden Übung fest, was Sie gern tun. Das sollten Sie auch weiterhin anstreben zu tun.

Nicht alles muss sich ändern

An das Gute erinnern

Übung

Klären Sie, auf welche Aufgaben Sie in der neuen Position nicht verzichten möchten. Unser Beispiel »Mit Freude im Marketing« hat Ihnen den Weg gezeigt. Überlegen Sie bei Ihrer Selbstreflexion, welche Aufgaben Ihnen besondere Erfolgserlebnisse vermittelt haben. Darüber hinaus sollten Sie auch solche Tätigkeiten nicht vergessen, die Ihnen leicht und routiniert von der Hand gehen.

Schauen Sie zurück: Aufgaben, die Ihnen Freude gemacht haben:

```
1. . . . . . . . . . . . . . . . . . . . . . . . . . . . . . . . . . . . . . . . . . . . . .
2. . . . . . . . . . . . . . . . . . . . . . . . . . . . . . . . . . . . . . . . . . . . . .
3. . . . . . . . . . . . . . . . . . . . . . . . . . . . . . . . . . . . . . . . . . . . . .
4. . . . . . . . . . . . . . . . . . . . . . . . . . . . . . . . . . . . . . . . . . . . . .
5. . . . . . . . . . . . . . . . . . . . . . . . . . . . . . . . . . . . . . . . . . . . . .
```

Fixieren Sie Ihre Wünsche

Während des gesamten Bewerbungsverfahrens strömen so viele Informationen auf Sie ein, dass die Gefahr besteht, dass Sie die ursprünglich definierten Wünsche an den neuen Arbeitsplatz aus den Augen verlieren. Um zu verhindern, dass Sie Ihren eigenen Prinzipien untreu werden, sollten Sie Vorsorge treffen: Fixieren Sie Ihre Wünsche. So können Sie sich immer wieder Klarheit darüber verschaffen, was Ihnen wichtig ist und ob Sie noch auf dem richtigen Weg sind.

Erarbeiten Sie sich eine Liste mit den wichtigsten Anforderungen, die Sie an den neuen Job stellen. Überlegen Sie zusammenfassend, *was* sich ändern soll und *was* so bleiben soll wie bisher. Ordnen Sie Ihre Wünsche anschließend nach ihrer Rangfolge. Entscheiden Sie, welche Forderungen für Sie unverzichtbar sind und an welchen Punkten Sie auch bereit wären Abstriche zu machen. **So bleiben Sie handlungsfähig.** Wenn Sie nämlich stur auf Maximalforderungen beharren, verlieren Sie möglicherweise die nötige Bewegungsfreiheit, um sich erfolgreich aus Ihrer momentanen Situation zu befreien. Wer sein Leben lang auf den Traumprinzen wartet, könnte am Ende allein dastehen. Berauben Sie sich deshalb nicht der Möglichkeit, sinnvolle Kompromisse schließen zu können. Verteidigen Sie aber die Dinge, die Ihnen ganz besonders am Herzen liegen.

Vom Leidbild zum Leitbild

Ein Mitarbeiter im Außendienst hat seit einiger Zeit das Gefühl, sich in einer schwierigen beruflichen Situation zu befinden. Als Gründe für seine Unzufriedenheit nennt er Schwierigkeiten mit seinem Regionalleiter und die sehr starren Vorgaben seiner Firma. Grundsätzlich ist er aber mit seiner Tätigkeit im Außendienst zufrieden.

Seine Wünsche an den neuen Arbeitsplatz hat er zusammengefasst und in eine Rangordnung gebracht. Die folgenden Aspekte sind für ihn wichtig und werden ihn im Bewerbungsprozess als *Leitbild* begleiten.

Was soll sich ändern?

Mein erster Wunsch an den neuen Job: Mehr Entscheidungsmöglichkeiten hinsichtlich der Frequenz von Kundenbesuchen, der Strategie und der Auswahl von Kunden.

Mein zweiter Wunsch an den neuen Job: Regelmäßiger Informationsaustausch und bessere Abstimmung mit den Kollegen.

Mein dritter Wunsch an den neuen Job: Besserer Draht zum Innendienst sowie ein Regionalleiter, der nicht versucht, Innen- und Außendienst gegeneinander auszuspielen.

Was soll bleiben?

Am wichtigsten ist es mir, dass ich im neuen Job weiterhin im Außendienst erfolgreich Produkte verkaufen kann.

Am zweitwichtigsten ist es mir, dass ich im neuen Job weiterhin meine Branchenerfahrungen einsetzen kann.

Am drittwichtigsten ist es mir, dass ich im neuen Job weiterhin den gleichen Kundenstamm in der mir vertrauten Region betreuen kann.

Seine Wünsche sowohl nach Veränderung als auch nach Fortbestand hat der Außendienstmitarbeiter in unserem Beispiel in eine Reihenfolge gebracht. Die beiden wichtigsten Wünsche in jeweils jeder Sparte – »Was soll sich ändern?« und »Was soll bleiben?« – machen die Richtung deutlich, in die das Bewer-

Formulieren Sie Wünsche

bungsvorhaben gehen soll: Unser Stellenwechsler will auch zukünftig im Außendienst tätig bleiben, wünscht sich aber mehr Eigenverantwortung und Einflussmöglichkeiten in der Kundenbetreuung.

An zweiter Stelle in der Sparte »Was soll bleiben?« steht der Wunsch, die gewonnene Branchenerfahrung auch zukünftig für Vertriebserfolge nutzen zu können. Allerdings ist eine gewisse Kompromissbereitschaft bei unserem Außendienstmitarbeiter vorhanden: Wenn sein zweiter Wunsch in der Sparte »Was soll sich ändern?« erfüllt wird und ein besserer Informationsaustausch gewährleistet wird, wäre er bereit, sich auch in andere Produkt- oder Dienstleistungsbereiche einzuarbeiten.

Wägen Sie ab

Die an dritter Stelle stehenden Forderungen sind für den Jobwechsler nicht zwingend. Bei einer guten Unterstützung durch den Innendienst kann er sich auch vorstellen, in eine andere Region zu wechseln und einen neuen Kundenstamm aufzubauen.

**Benennen Sie
Ihre Gefühle
ganz konkret**

An unseren Beispielen haben Sie gesehen, dass es durchaus möglich ist, das diffuse Gefühl der Unzufriedenheit am Arbeitsplatz zu benennen und konkrete Erkenntnisse für den Stellenwechsel zu gewinnen. Aus der zunächst im Vordergrund stehenden Unzufriedenheit des Außendienstmitarbeiters mit seinem Vorgesetzten haben sich für ihn weitreichende Erkenntnisse ergeben. Er ist sich zum einen bewusst geworden, dass die Probleme mit dem Vorgesetzten *auch* durch die streng hierarchisch gegliederte Unternehmensstruktur verursacht wird. Zum anderen ist er sich darüber klar geworden, dass er neben der Unterstützung durch den Vorgesetzten einen gut funktionierenden Informationsaustausch zwischen den Kolleginnen und Kollegen und zwischen dem Innen- und dem Außendienst vermisst. Dass ihm die Tätigkeiten im Vertrieb grundsätzlich liegen, hat sich im Verlauf der Auseinandersetzung mit den gegebenen Fragestellungen noch einmal bestätigt. Es ist also nicht die Tätigkeit an sich, die diesen Außendienstmitarbeiter stört, sondern die ungünstigen Rahmenbedingungen.

Ein Klärungs-prozess hilft weiter

Erst nach diesem Klärungsprozess kann der Stellenwechsler seine Ansprüche an den neuen Arbeitsplatz überhaupt formulieren. Die erarbeitete Wunschliste wird ihm helfen, sich gezielt zu bewerben, damit der nächste Arbeitsplatz bessere Rahmenbedingungen bereitstellt als der gegebene.

Der Nebel lichtet sich

Übung

Nutzen Sie den bisherigen Prozess des Erkenntnisfortschritts, um klare Forderungen an Ihren neuen Arbeitsplatz zu formulieren. Tragen Sie die von Ihnen festgestellten Wünsche nach Veränderung einerseits und Fortbestand andererseits in die folgenden Listen ein. Überlegen Sie sich, welche Forderungen für Sie zentral sind, und an welchen Stellen Sie bereit wären Abstriche zu machen. Erstellen Sie dann in den Sparten »Was soll sich ändern?« und »Was soll bleiben?« Ihre jeweiligen Ranglisten.

Was soll sich ändern?

Mein erster Wunsch an den neuen Job: . . . .
. . . .
. . . .

Mein zweiter Wunsch an den neuen Job: . . . .
. . . .
. . . .

Mein dritter Wunsch an den neuen Job: . . . .
. . . .
. . . .

Was soll bleiben?

Am wichtigsten ist es mir, dass ich im neuen Job weiterhin: . . . .

. . . .

. . . .

Am zweitwichtigsten ist es mir, dass ich im neuen Job weiterhin:

. . . .

. . . .

Am drittwichtigsten ist es mir, dass ich im neuen Job weiterhin:

. . . .

. . . .

Ihre Wünsche an den Neuen

- Analysieren Sie Ihre momentane Arbeitssituation, um auf dieser Basis konkrete Wünsche an den neuen Arbeitsplatz herausarbeiten zu können.
- Überwinden Sie Ihre Unzufriedenheit und gewinnen Sie neuen Schwung. Verharren Sie nicht in Ihrer Kritik, sondern definieren Sie neue Ziele.
- Beantworten Sie zunächst die Frage »Was soll sich ändern?«. Bleiben Sie nicht bei allgemein gehaltenen Schuldzuweisungen stehen. Präzisieren Sie, was genau sich ändern muss.
- Nicht alles muss sich beim Stellenwechsel ändern. Die Auseinandersetzung mit der Frage »Was soll bleiben?« wird Ihnen vor Augen führen, dass es durchaus positive Aspekte Ihrer Arbeit gibt, die Sie an anderer Stelle fortführen können.
- Fixieren Sie Ihre Wünsche an den neuen Arbeitsplatz schriftlich. So vermeiden Sie es, im Verlauf des Bewerbungsprozesses Ihre ursprünglichen Ziele aus den Augen zu verlieren.
- Erstellen Sie eine Rangliste Ihrer Wünsche. Legen Sie fest, welche Forderungen für Sie nicht verhandelbar sind und welche Kompromisse Sie sich vorstellen können.

3

Die Übergangsphase: das Hin und Her der Gefühle

Wichtige Entscheidungen brauchen ihre Zeit. Überstürztes Handeln führt nicht zwangsläufig zur Verbesserung einer Situation. Ebenfalls problematisch kann es jedoch werden, wenn Veränderungswünsche unterdrückt oder auf die lange Bank geschoben werden. Lassen Sie sich nicht zum Spielball Ihrer Gefühle machen. Bleiben Sie Ihren Absichten treu und nehmen Sie die gewünschten Veränderungen in Angriff.

Änderungen geschehen nicht über Nacht. Es liegt in der Natur des Menschen, dass Neuerungen oft nur unwillig angegangen werden. Sicherlich haben auch Sie schon einmal den Kopf geschüttelt, wenn Freunde oder Bekannte zum hundertsten Mal fadenscheinige Gründe ins Feld führen, die gegen eine Veränderung ihrer privaten oder beruflichen Situation sprechen. Von außen betrachtet ist die Notwendigkeit zum Handeln oft viel klarer zu erkennen. Den Beteiligten selbst fällt es häufig schwer, konsequent an der Auflösung einer belastenden Lebenssituation zu arbeiten.

Die guten Vorsätze geraten ins Wanken Auch beim Stellenwechsel kommt der feste Vorsatz »Jetzt wechsle ich den Job« allzu oft abhanden. Den Entschluss zum Arbeitsplatzwechsel zu fassen ist die eine Sache, ihn konsequent zu verfolgen, eine andere. Hatte man sich gerade eben noch wegen wiederholter Qualitätsmängel bei einem Produkt geschworen »diesen Saustall endlich hinter sich zu lassen«, geraten die guten Vorsätze nach Feierabend schnell wieder ins Wanken. Obwohl man sich fest vorgenommen hatte, am Abend in den Jobbörsen im Internet nach einer geeigneteren Stelle zu suchen, sitzt man wenig später mit einem versöhnlichen Feierabendbier vor dem Fernseher – und die guten Vorsätze sind vergessen. Man ist bereit, seiner Firma und den lieben Kollegen noch eine letzte Chance zu geben. Wenn diese letzte Chance jedoch Abend für Abend gewährt wird, läuft garantiert etwas falsch.

Wagen Sie sich einen Schritt nach vorn

Viele Stellenwechsler unterschätzen zudem die Anstrengungen, die zwangsläufig mit den Bewerbungsaktivitäten verbunden sind. Nach mehreren vergeblichen Versuchen etwa, ein aussagekräftiges Anschreiben zu formulieren, erscheint einem der sinnlose Papierkrieg im Unternehmen bald gar nicht mehr so schlimm. Immer wieder lässt sich beim Stellenwechsel die menschliche Neigung beobachten, sich lieber hinter Bestehendem zu verstecken, als einen Schritt nach vorn zu wagen. Schließlich weiß man nicht, was einen in einer neuen Firma erwartet. Dies mag auch ein Grund dafür sein, dass die vermeintlich angenehmen Seiten der momentanen Tätigkeit die Probleme kurzzeitig in den Hintergrund drängen können.

Wenn Sie Ihre Situation wirklich verändern möchten, kommen Sie nicht daran vorbei, sich mit Ihren inneren Widerständen gegen Veränderungen auseinander zu setzen. Beschäftigen Sie sich deshalb mit der Frage »Warum fällt es meist schwer, eine als belastend empfundene Situation aufzulösen?«.

Die Psychologie der Veränderung

Seit mehr als zehn Jahren beschäftigen wir uns professionell mit den Veränderungswünschen unserer Kunden. Wir kennen also die Schwierigkeiten, die bei Veränderungsprozessen zwangsläufig auftreten. Der Sprung in eine ungewisse Zukunft fällt vielen Berufstätigen schwer. Das liegt daran, dass der Stellenwechsel als ein großer Einschnitt in die eigene Lebensplanung empfun-

Der Sprung ins Ungewisse fällt schwer

Chancen des Wechsels den wird. Daher nehmen Stellenwechsler die Chancen des Wechsels meist nicht ohne die Risiken wahr. Das ständige Abwägen von Vor- und Nachteilen lähmt in den meisten Fällen jedoch den Handlungswillen.

Beratung

Aus unserer Beratungspraxis
Irgendwie unzufrieden

Eine kaufmännische Angestellte bat uns um Hilfe. Sie war zu einem Vorstellungsgespräch geladen worden und mit dem Verlauf und dem Ergebnis des Gespräches nicht zufrieden. Nun stand ein weiteres Vorstellungsgespräch bevor. Dieses Mal wollte sie sich besser vorbereiten.

Bei der Analyse ihrer Situation ergab sich, dass sich die Angestellte aus einem bestehenden Arbeitsverhältnis heraus bewarb. Der Grund für ihre Bewerbungsaktivitäten lag in der Unzufriedenheit mit den Arbeitsinhalten. Ihr ging die Arbeit zwar leicht von der Hand, aber sie vermisste Anregungen und neue Herausforderungen. Sie fühlte sich demotiviert. Aus dieser Unzufriedenheit heraus hatte sie einige Bewerbungen geschrieben.

Nun war die Rücklaufquote der Bewerbungen nicht sonderlich hoch gewesen. Die Angestellte hoffte jedoch, in den Bewerbungsgesprächen zu überzeugen. Doch auch dies war ihr bei dem ersten Gespräch nicht gelungen.

Als wir sie fragten, worauf sie den Misserfolg zurückführte, antwortete die Angestellte, dass sie während des laufenden Vorstellungsgespräches plötzlich den Wunsch verspürte, den Job doch nicht zu wechseln. Außerdem empfand sie den im Vorstellungsgespräch aufgebauten Druck als zu hoch. Deshalb hatte sie innerlich den Rückzug angetreten und auf die Fragen des Personalverantwortlichen einsilbig geantwortet. Das Ergebnis war vorhersehbar: Sie erhielt eine Absage.

Im weiteren Verlauf des Beratungsgespräches kristallisierte sich Folgendes heraus: Den momentanen Arbeitsplatz charakterisierte nicht nur die als störend empfundene Routine – die Angestellte arbeitete darüber hinaus mit netten Kollegen zusammen und sie hatte ein unproblematisches Verhältnis zu ihrem Vorgesetzten. Eigentlich war sich unsere Kundin nicht wirklich sicher, ob sie den Job tatsächlich wechseln wollte. Und diese Unsicherheit war schließlich auch der Grund für das Problem bei der Bewerbung: Denn in Vorstellungsgesprächen wird ein glaubwürdiges Bekenntnis zum neuen Arbeitgeber und zu den neuen Aufgaben eingefordert.

Zu solch einem Bekenntnis war die Bewerberin jedoch innerlich nicht bereit. Die Vorstellung, bei einem positiv verlaufenden Vorstellungsgespräch den Arbeitsplatz wechseln zu müssen, rief widerstreitende Gefühle in ihr hervor. Unserer Kundin war es bisher nicht in den Sinn gekommen, eine mittelfristige Strategie zu wählen und systematisch Alternativen zu der bisherigen Tätigkeit zu entwickeln. Wir erarbeiteten mit ihr ein zweigleisiges Konzept für das weitere Vorgehen. Zum einen sollte sie sich an ihrem bestehenden Arbeitsplatz um Sonderaufgaben und Projekte bemühen, zum anderen sollte sie sich bei neuen interessanten Arbeitgebern gezielt ins Gespräch bringen. Auf diese Weise konnte sie sich *und* ihrem bisherigen Arbeitsplatz eine zweite Chance geben. Gleichzeitig überlegte sich unsere Kundin aber auch Alternativen für den Fall, dass sich ihr Wunsch nach einem Wechsel verstärken sollte.

Nach einigen Monaten bekamen wir eine Erfolgsmeldung per E-Mail: Die kaufmännische Angestellte hatte nach einigen vergeblichen Verbesserungsversuchen und reiflicher Überlegung ihren alten Arbeitsplatz nun doch verlassen. Als sie festgestellt hatte, dass für sie in ihrer alten Firma einfach nicht mehr »drin war«, fiel ihr der Wechsel schließlich leichter. Ihre neue Stelle hatte sie bewusst aus mehreren Alternativen ausgewählt. Sie fühlte sich jetzt deutlich zufriedener als an ihrem alten Arbeitsplatz.

Fazit: Die Einschätzung, sich lediglich zwischen zwei Übeln entscheiden zu können, macht Sie – besonders in einem Bewerbungsverfahren – handlungsunfähig. Treiben Sie Ihren Entscheidungsprozess voran, indem Sie sich zusätzliche Möglichkeiten eröffnen. Erleichtern Sie sich die Entscheidung, den Job zu wechseln, indem Sie sich attraktive Alternativen überlegen.

Das Beispiel veranschaulicht, dass Beschäftigte besonders dann vor einem Wechsel zurückschrecken, wenn sie einen sehr großen Veränderungsschritt machen müssen. Wenn einem die Hürde, die genommen werden muss, nämlich allzu hoch erscheint, unternimmt man häufig nur halbherzige Versuche, um die Barriere zu überwinden. Die irrige Annahme, **Setzen Sie** große Hindernisse müssten in einem einzigen Sprung genommen werden, blockiert die Ausführung gänzlich. Zerlegt man aber die große Hürde in mehrere kleine Hindernisse, fällt es viel leichter, den Weg in Angriff zu nehmen. Hinzu kommt, dass mit jedem erreichten Teilziel die eigene Sicherheit steigt. Den nächsten Schritt zu tun, ist gar nicht mehr so schwer, weil der Glaube an die eigenen Fähigkeiten gewachsen ist.

Für Ihren beruflichen Veränderungsprozess bedeutet dies, dass auch Sie den großen Schritt zum »Jobwechsel« in kleinere Schritte zerlegen sollten. Denn Schritt für Schritt verschaffen Sie sich eine ausreichende Motivation, die Sie auch bei Schwierigkeiten und Rückschlägen konsequent Ihren Weg verfolgen lässt. Schärfen Sie Ihren Blick für die Tatsache, dass Ihre Kraft zur Veränderung aus zwei Quellen gespeist werden kann: Zum einen kann Ihr Beweggrund der Wunsch sein, von etwas wegzukommen. Zum anderen könnte Ihnen ein Ziel so reizvoll erscheinen, dass Sie es unbedingt erreichen möchten. In der Verhaltenspsychologie wird deshalb zwischen Schub- und Zugmotivation unterschieden.

Setzen Sie Veränderungen in Gang

Menschen brauchen immer einen besonderen Beweggrund, um Veränderungen überhaupt in Gang zu setzen. Die Schubmotivation, der »Weg aus dem Elend«, ist dabei am häufigsten anzutreffen. Der Impuls, sich über eine Veränderung Gedanken zu machen, wird durch eine belastende Situation ausgelöst, der man entfliehen möchte. Das Problem bei der Schubmotivation ist, dass zwar ein Veränderungswille auftritt, der Zielzustand dadurch aber noch nicht zwangsläufig definiert ist. Man weiß zwar, dass man die Probleme hinter sich lassen will, aber man weiß deshalb nicht unbedingt, was man stattdessen erreichen möchte. Ohne Ziel vor Augen ist aber jeder Schritt ein Schritt in die falsche Richtung. Hier greift die Bedeutung der Zugmotivation.

Veränderungen verlaufen dann erfolgreich, wenn man es schafft, eine tragfähige Zugmotivation aufzubauen. Einige Menschen nutzen intuitiv die Kraft der Zugmotivation, um ihre Ziele zu erreichen. Sie haben ihre Paradiesinsel im Meer der Möglichkeiten deutlich vor Augen und steuern mit direktem Kurs auf sie zu. Auch wenn es von außen so erscheint, als ob solche Menschen ihre Wünsche mühelos in die Tat umsetzen können, ergibt sich beim genaueren Hinsehen ein anderes Bild. Diejenigen, die ihre Veränderungswünsche erfolgreich

Bauen Sie eine Zugmotivation auf

umsetzen, gehen auf dem Weg zu ihrem Ziel in Etappen vor.

Schaffen Sie sich einen Fixpunkt Mit einer klaren Vorstellung davon, was Sie erreichen wollen, schaffen Sie sich einen Fixpunkt, der Ihnen die Richtung weist und der Sie auch dann Kurs halten lässt, wenn die Wellen einmal höher schlagen.

Was bedeutet das konkret für den Jobwechsel? – Die erste Konsequenz aus diesem Sachverhalt lautet: Verlassen Sie sich beim Stellenwechsel nicht allein auf die Schubmotivation, also darauf, dass die Probleme am Arbeitsplatz als Antriebskraft für die ersehnten Veränderungen ausreichen. Es besteht sonst nämlich die Gefahr, dass Sie zu lange auf die Veränderung warten. Diese Warteposition wiederum kann derart unerträglich werden, dass Sie letztendlich überstürzt handeln – oder Ihre Firma stellt Sie irgendwann vor vollendete Tatsachen, beispielsweise eine Kündigung.

Nutzen Sie die Zugmotivation für Ihren Stellenwechsel. Das funktioniert jedoch nur, wenn Sie eine eigene Vorstellung davon entwickeln, was Sie erreichen möchten. Sammeln Sie deshalb so viele Informationen wie möglich. Recherchieren Sie, was andere Arbeitgeber zu bieten haben. Treten Sie in den Erfahrungsaustausch mit Angehörigen anderer Unternehmen ein, beispielsweise auf Fach- oder Kontaktmessen. Vergewissern Sie sich Ihrer beruflichen Möglichkeiten, um sich gezielt für Ihren Traumarbeitgeber und den für Sie optimalen Arbeitsplatz entscheiden zu können.

Eine weitere Konsequenz, die sich ergibt, ist, dass Sie Ihren Stellenwechsel in mehrere Teilschritte untergliedern müssen. Das Prinzip »alles oder nichts« aktiviert nämlich nur solche **Sie müssen jetzt noch keine endgültige Entscheidung treffen** Kräfte, die Sie verleiten, in der bestehenden Situation zu verharren. Setzen Sie sich daher gleich zu Beginn Ihrer Überlegungen Ziele. Solche ersten Ziele sollten jedoch keine endgültige Entscheidung von Ihnen verlangen. Nehmen Sie sich zum Beispiel vor, mindestens zehn Bewerbungsmappen auf den Weg zu bringen oder vor einem endgültigen Wechsel mindestens drei

Vorstellungsgespräche zu führen. Die Entscheidung, ob Sie Ihr derzeitiges Arbeitsverhältnis tatsächlich kündigen, sollten Sie sich jedoch erst am Ende des Bewerbungsprozesses und nicht zu Beginn abverlangen.

Gute Vorsätze

Beispiel

Ein Wirtschaftsingenieur ist seit einiger Zeit mit der Situation an seinem Arbeitsplatz unzufrieden. Die sehr dünne Personaldecke im Unternehmen erhöht die Arbeitsbelastung für die Mitarbeiter erheblich. Er befürchtet nun, dass die von ihm geplanten Bewerbungsaktivitäten im alltäglichen Arbeitsstress untergehen. Daher hat er sich für die nächsten drei Monate die folgenden Ziele gesetzt.

Ziel 1: die Internetauftritte von 20 Firmen nach Stellenangeboten durchsuchen.
Ziel 2: vier Internet-Jobbörsen drei Monate lang auswerten.
Ziel 3: von der nächsten Computermesse zehn Visitenkarten von Unternehmensvertretern mitbringen.
Ziel 4: das Branchenmagazin drei Monate lang lesen und auswerten.
Ziel 5: zehn Bewerbungen versenden.

Bei seinen guten Vorsätzen hat der Wirtschaftsingenieur auf eine Quantifizierung geachtet: Er drückt seine Ziele in Zahlen aus. So kann er leicht überprüfen, ob er seine Absichten auch in die Tat umgesetzt hat.

Entwirren auch Sie das Problemknäuel »Stellenwechsel«: Gliedern Sie Ihren Veränderungsprozess in einzelne, gut zu bewältigende Schritte. So vermeiden Sie, die Entscheidung zum Stellenwechsel ins Blaue hinein treffen zu müssen. Wenn Sie sich so lange wie möglich alle Türen offen halten, werden der Wechsel und die sich daraus ergebenden einschneidenden Konsequenzen ihre Schrecken verlieren. **Halten Sie sich viele Türen offen**

Gehen Sie in kleinen Schritten vor und entscheiden Sie sich erst dann für den Wechsel, wenn Sie sich wirklich sicher sind, dass der neue Arbeitsplatz für Sie eine Verbesserung darstellt. Auf diese Weise nutzen Sie beide Kraftquellen der Veränderung. Sie koppeln Ihre Schubmotivation »Ich muss meine Arbeitssituation verbessern« mit der Zugmotivation »Ich gehe zu meinem Wunscharbeitgeber«. Damit Sie die Ausdauer gewinnen, die für einen Wechsel des Arbeitsplatzes notwendig ist, sollten Sie jetzt die folgende Übung machen. Mithilfe der Übung – »Den inneren Schweinehund im (Würge-)Griff« – vermeiden Sie, dass Ihr Veränderungswunsch lediglich wie ein Strohfeuer immer wieder auflodert und erlischt.

Den inneren Schweinehund im (Würge-)Griff

Übung

Damit Ihr Wunsch nach Veränderung tatsächlich in Erfüllung geht, sollten Sie zunächst realistische Teilziele definieren. Unser Beispiel »Gute Vorsätze« hat Ihnen gezeigt, wie Sie dabei vorgehen können. Durchbrechen Sie die »alles-oder-nichts«-Blockade. Nehmen Sie Ihren Jobwechsel Schritt für Schritt in Angriff.

Machen Sie nun Ihrem inneren Schweinehund Beine. Überlegen Sie, wie Sie Ihre Energie für Bewerbungsaktivitäten einteilen können, ohne sich zu verzetteln. Geben Sie Ihre Teilziele in Zahlen an, damit Sie Ihre Etappensiege auch bemessen und schließlich genießen können.

Ziel 1: . . . .
Ziel 2: . . . .
Ziel 3: . . . .
Ziel 4: . . . .
Ziel 5: . . . .

Rückschläge gehören dazu

Eine intensive Beschäftigung mit Motivationsstrategien ist besonders deshalb wichtig, weil Sie Rückschläge im Bewerbungsprozess nicht ausschließen können. Auf dem Weg zum Wunscharbeitsplatz müssen immer auch Schwierigkeiten bewältigt werden. Sie werden mit bevorstehenden Rückschlägen besser umgehen können, wenn Sie Ihre Abwehrkräfte bereits rechtzeitig gestärkt haben. **Stärken Sie Ihre Abwehrkräfte**

Wie vieles im Leben verläuft auch der Bewerbungsprozess nicht immer geradlinig. Es kann sein, dass Sie bei Ihrer Recherche nicht auf Anhieb eine für Sie geeignete Position finden. Nicht jede Kontaktaufnahme zu einer Firma bereitet den Weg in ein interessantes Beschäftigungsverhältnis. Einige Bewerbungen werden Sie mit einer Ablehnung zurückbekommen und in Vorstellungsgesprächen kann sich durchaus herausstellen, dass Sie und die angesprochene Firma nicht zueinander passen.

Grundsätzlich sind diese Schwierigkeiten nicht unüberwindbar. Sie gehören zum Stellenwechsel einfach dazu. Manche Bewerberinnen und Bewerber lassen sich aber durch Rückschläge derart entmutigen, dass sie nahezu in Hoffnungslosigkeit versinken. Insbesondere dann, wenn die Situation am Arbeitsplatz wieder einmal nicht zum Aushalten ist, kann eine abgelehnte Bewerbung stark am Selbstwertgefühl nagen.

Gerade in schwierigen Phasen lohnt es sich zu analysieren, worin die Gründe für einen Misserfolg liegen können. Die Frage, die man sich zuerst stellen sollte, lautet: »Habe ich meine Bewerbungsaktivitäten gründlich genug vorbereitet?« Viele Fehlerquellen können Sie nämlich selbst aus dem Weg räumen. Es lohnt sich, einiges an Arbeit in die Bewerbung zu investieren und so die Erfolgsquote zu maximieren. Dieses Buch wird Ihnen zeigen, wie Sie vorgehen sollten, um Ihren Bewerbungserfolg sicherzustellen. Damit werden Sie in der Lage **Misserfolge wollen verarbeitet werden** sein, Ihren eigenen Beitrag zum Stellenwechsel optimal zu leisten.

Denken Sie positiv!

Sie dürfen aber nicht vergessen, dass es auch Faktoren gibt, auf die Sie keinen Einfluss haben. Wenn eine Ihrer Bewerbungsaktivitäten nicht den Erfolg hervorbringt, den Sie sich erhofft haben, sollten Sie die Gründe nicht nur bei sich selbst suchen. Sonst blockieren Sie sich unnötig selbst und rauben sich Teile Ihrer produktiven Veränderungsenergie. Coachen Sie sich selbst: Werden Sie sich bewusst, dass bei der Suche nach einem neuen Arbeitsplatz nicht jede Entscheidung von Ihnen allein beeinflusst werden kann. Konzentrieren Sie sich auf die Bereiche, die Sie selbst gestalten können. Beugen Sie unproduktiven Selbstanklagen mithilfe unserer Übung »Es liegt nicht an mir!« vor.

Es liegt nicht an mir!

Übung

Selbstzweifel sind nicht grundsätzlich negativ. Doch es gibt in jedem Bewerbungsverfahren Entscheidungen, auf die Sie keinen Einfluss haben. Die Schuld nur bei sich selbst zu suchen, ist daher genauso falsch, wie die Schuld nur bei den anderen zu suchen. Beugen Sie lähmender Demotivation vor, indem Sie sich bei Rückschlägen die Gründe, die *auch* zu einer Ablehnung Ihrer Bewerbung geführt haben könnten, bewusst machen.

Ergänzen Sie diese Liste um wenigstens drei weitere Ablehnungsgründe, die Sie selbst nicht zu verantworten haben.

- Die Firma hat momentan keinen Einstellungsbedarf.
- Es gibt in der Firma keine langfristige Personalplanung.

- Die Firma ist erst vor kurzem übernommen worden.
- Die Ausschreibung war nur pro forma geschaltet. Die Stelle ist bereits intern vergeben worden.
- Die Firma steckt in wirtschaftlichen Schwierigkeiten.
- Von der Geschäftsführung ist unerwartet ein Einstellungsstopp verhängt worden.
- Die Stellenanzeige wurde im Rahmen einer Imagekampagne geschaltet. Es war nie beabsichtigt, neue Mitarbeiter einzustellen.
- Der Personalchef hat schlechte Erfahrungen mit Geisteswissenschaftlern (Fachhochschulabsolventen, Absolventen von Fortbildungsmaßnahmen, Psychologen oder Akademikern) gemacht.
- Frauen werden grundsätzlich nicht eingestellt. Was offiziell jedoch nicht zugegeben wird.
- Interne Bewerber werden bevorzugt.
- Es gibt einen Bewerber, der über eine längere Berufserfahrung (bessere Fremdsprachenkenntnisse, mehr Branchenerfahrung, direkt einsetzbare Softwarekenntnisse oder mehr Auslandserfahrung) verfügt.
- Bewerber aus der Region werden bevorzugt.

Drei weitere Gründe:

1. . . . .
2. . . . .
3. . . . .

Gewinnen Sie Mut zur Veränderung. Sie haben mittlerweile wirksame Gegenmaßnahmen kennen gelernt, mit denen Sie dem Hin und Her der Gefühle beim Stellenwechsel aktiv begegnen können. Nach dieser mentalen Stärkung können Sie sich

Zeigen Sie Mut zur Veränderung

ganz auf Ihren Part beim Stellenwechsel konzentrieren: Beschränken Sie sich dabei auf die Dinge, auf die Sie Einfluss nehmen können. Schonen Sie Ihre Ressourcen. Zeigen Sie dort Einsatz, wo Sie tatsächlich über Gestaltungsmöglichkeiten verfügen.

Auf einen Blick

Die Übergangsphase: das Hin und Her der Gefühle

Im Blick

- Der Wunsch nach Veränderung ist oft schwieriger umzusetzen, als man es sich vorgestellt hat.
- Vor den Erfolg haben die Götter den Schweiß gesetzt: Ein Stellenwechsel verlangt einen hohen persönlichen Einsatz.
- Mit Veränderungen sind nicht nur Chancen, sondern auch Risiken verbunden. Bei mangelnder Vorbereitung versperrt Ihnen der zunehmende Blick auf die Risiken die Sicht auf die Chancen.
- Vor großen Veränderungsschritten, zu denen auch der Stellenwechsel gehört, schrecken viele Menschen zurück.
- Der Stellenwechsel gelingt einfacher, wenn er in mehrere Schritte zerlegt wird. Teilziele lassen sich besser erreichen. Die Etappensiege stärken den Veränderungswillen.
- Primäres Ziel beim Stellenwechsel sollte es sein, sich interessante berufliche Alternativen zu erarbeiten. Die Frage, ob eine Kündigung erfolgen sollte, stellt sich erst am Ende des Bewerbungsprozesses und nicht am Anfang.
- Koppeln Sie Zug- und Schubmotivation: Es genügt nicht zu wissen, dass man seinen Arbeitsplatz verlassen will. Nutzen Sie die Anziehungskraft eines für Sie attraktiven beruflichen Ziels.
- Quantifizieren Sie Ihre Veränderungsziele. Dann haben Sie immer einen Überblick über Ihre Fortschritte.

- Rückschläge gehören zum Veränderungsprozess dazu. Stärken Sie deshalb auch Ihre Abwehrkräfte gegen mögliche Frustrationen.
- Machen Sie sich klar, dass Sie beim Stellenwechsel nicht alle Fäden selbst in der Hand halten. Sie können Entscheidungen nicht erzwingen.
- Zeigen Sie bei Ihren Bewerbungsaktivitäten dort vollen Einsatz, wo Sie selbst Einfluss auf das Geschehen nehmen können.

4

Ihr Selbstbewusstsein ist gefragt: Was haben Sie zu bieten?

Wenn es am Arbeitsplatz nicht richtig rund läuft, leidet auch häufig das Vertrauen in die eigenen Fähigkeiten. Eine solche momentane Krise überschattet das, was bisher von Ihnen geleistet wurde. Sie verdrängt die Erinnerung an die Erfolge. Im Bewerbungsverfahren benötigen Sie aber eine gesunde Portion Selbstvertrauen. Wenn Sie schon selbst nicht von sich überzeugt sind, werden Sie es schwer haben, andere von Ihren Fähigkeiten zu überzeugen.

Ihr Stellenwechsel soll Ihnen zu mehr Schwung und Zufriedenheit verhelfen. Schließlich haben Sie den Wunsch nach beruflicher Veränderung nicht zuletzt deshalb ins Auge gefasst, weil Sie sich blockiert und unverstanden fühlen. Doch es muss nicht einmal eine große Krisenstimmung herrschen. Es genügt, wenn Sie seit einiger Zeit das Gefühl haben, dass Sie in Routine ertrinken und dass Ihr kreatives Potenzial ungenutzt brachliegt. Sowohl Streit oder Missstimmung am Arbeitsplatz als auch geistige Unterforderung wirken sich auf die Gemütslage aus.

Wer mit hängenden Schultern, gesenktem Kopf und nach unten gerichtetem Blick durchs Leben läuft, hat es schwer, Neues überhaupt wahrzunehmen. Lernen Sie, aufrecht und **Ergründen Sie** selbstbewusst zu gehen und den Blick in die Zukunft zu rich-**Ihr Potenzial** ten. Ein Bewusstsein der eigenen Stärken kann sehr dabei helfen, Veränderungen in Gang zu setzen. Selbstbewusstsein meint hier allerdings nicht eine übertriebene »Ich kann alles!«-Attitüde, sondern eine realistische Einschätzung der eigenen

Fähigkeiten. Nur wer sein eigenes Potenzial ergründet hat, kann einer möglichen Über- oder Unterforderung vorbeugen, er kommt auf dem Weg zum Wunscharbeitsplatz ein gutes Stück voran.

Ihr Erfahrungsschatz ist größer als Sie denken. Schärfen Sie Ihren Blick für das, was Sie schon alles geleistet und welche Erfolge Sie erreicht haben. Werten Sie Ihre beruflichen Erfahrungen konsequent aus, damit Sie Ihre Vorstellungen von dem für Sie geeigneten Arbeitsplatz präzisieren können. Beim *Flirt* mit dem neuen Arbeitgeber wirken diejenigen Bewerberinnen und Bewerber am überzeugendsten, die Selbstsicherheit ausstrahlen und etwas über sich zu berichten haben. Um sich optimal in Szene setzen zu können, müssen Sie sich erst Ihrer bisherigen Leistungen bewusst werden.

Schärfen Sie Ihren Blick

Mein Erfahrungsschatz

Beim Stellenwechsel können Sie sich auf Ihre bisherigen beruflichen Erfahrungen stützen. Sämtliche Stationen Ihrer Berufstätigkeit sind für die Vorbereitung des Wechsels wichtig. Vollziehen Sie Ihre berufliche Entwicklung noch einmal genau nach. Beschränken Sie sich dabei nicht auf einzelne Aspekte: Die Auswahl derjenigen Erfahrungen und Erfolge, die für eine Bewerbung geeignet sind, findet später statt. Erarbeiten Sie sich zunächst eine lückenlose Aufstellung der bewältigten Aufgaben. Auf diese können Sie dann während des Bewerbungsverfahrens immer wieder zurückgreifen. Sie schaffen sich auf diese Weise das Fundament für die spätere inhaltliche Ausgestaltung der einzelnen Bewerbungsschritte.

Schätze wollen entdeckt werden

Stellen Sie fest, was Sie bisher alles gelernt und gemacht haben. Fangen Sie mit Ihrem Berufseinstieg an: Welche Aufgaben haben Sie in Ihrer Einstiegsposition bewältigt? Gehen Sie dann chronologisch weiter: Welche Tätigkeiten waren in der darauf folgenden Stelle gefragt? Vergessen Sie bei dieser Bilanzierung nicht die Erfahrungen, die Sie außerhalb Ihres eigentlichen Tätigkeitsbereiches gemacht haben. Erinnern Sie sich auch an Urlaubsvertretungen, Sonderaufgaben und Projekte. Vielleicht haben Sie auch im Ehrenamt Tätigkeitsbereiche kennen gelernt, wie beispielsweise die Veranstaltungsorganisation.

Dokumentieren Sie Ihre Aktivitäten Nehmen Sie sich ausreichend Zeit für die Erarbeitung Ihrer Bestandsaufnahme. Als Anhaltspunkte können Ihnen Arbeitsverträge, Projektberichte, Arbeitszeugnisse, Zwischenzeugnisse oder Stellenbeschreibungen dienen. Gehen Sie alle Aktivitäten von Ihrem Berufseinstieg bis heute durch und erstellen Sie eine umfassende Dokumentation Ihrer bisherigen beruflichen Tätigkeiten und Erfahrungen. Stellen Sie die einzelnen Stationen für Ihre Bestandsaufnahme in der folgenden Form dar:

1. Unternehmen, Abteilung
2. Berufsbezeichnung
3. Tätigkeiten im Tagesgeschäft
4. Sonderaufgaben
5. Besondere Erfolge

Das Beispiel »Bestandsaufnahme eines Kundenberaters« zeigt Ihnen, wie Sie bei der nachfolgenden Übung vorgehen können. Hinter jeder einzelnen Station Ihres bisherigen Berufsweges stehen vielfältige Erfahrungen. Sie haben sich neues Wissen angeeignet, neue Aufgaben übernommen oder sich auf neue Arbeitsabläufe eingestellt. Machen Sie sich bewusst, was Sie bisher alles gelernt und gemacht haben.

Bestandsaufnahme eines Kundenberaters

Einstiegsposition: Vertriebsdisponent
1. Zeitarbeit GmbH
2. Vertriebsdisponent
3. Reklamationen

Beispiel

4. Kollegenvertretung im Innendienst: Personalverwaltung, Mitarbeitereinstellung und -betreuung
5. Vermittlungsquote um 20 Prozent gesteigert

Zweite Position: *Vertriebsbeauftragter*
1. Heizungstechnik GmbH, Abteilung Vertrieb
2. Vertriebsbeauftragter
3. Kundenberatung, Auftragsbearbeitung, Koordination von Serviceleistungen, Initiierung von Marketingaktionen
4. Gesprächsleitfäden für das Service-Center und für Nachwuchskräfte im Vertrieb entwickelt
5. Kundenstamm ausgebaut und 15-prozentige Umsatzsteigerung durch Neuakquisitionen erreicht

Dritte Position: *Kundenberater*
1. Elektroinstallations AG, Abteilung Vertrieb
2. Kundenberater
3. Betreuung des Elektrogroßhandels, Produktschulungen, Marktpotenzialanalysen, Entwicklung der Kundenbeziehungen, enge Zusammenarbeit mit dem Finanz- und Administrationsteam
4. Bessere Koordination der Abteilungen, Umsetzung des kundenorientierten Qualitätsbegriffes
5. Festigung der Marktführerschaft durch erfolgreiche Markteinführung eines neuen Produktes

Ihre Bestandsaufnahme

Arbeiten Sie nun Ihre persönliche Bestandsaufnahme aus. Beginnen Sie mit Ihrer Einstiegsposition, und gehen Sie dann Schritt für Schritt Ihre beruflichen Positionen nach den Stichpunkten durch.

Ihre Einstiegsposition

1. Unternehmen, Abteilung: . . . .

. . . .

2. Berufsbezeichnung: . . . .
. . . .

3. Tätigkeiten im Tagesgeschäft: . . . .
. . . .

4. Sonderaufgaben: . . . .
. . . .

5. Besondere Erfolge: . . . .
. . . .

Ihre zweite Position

1. Unternehmen, Abteilung: . . . .
. . . .

2. Berufsbezeichnung: . . . .
. . . .

3. Tätigkeiten im Tagesgeschäft: . . . .
. . . .

4. Sonderaufgaben: . . . .
. . . .

5. Besondere Erfolge: . . . .
. . . .

Ihre jetzige Position

1. Unternehmen, Abteilung: . . . .
. . . .

2. Berufsbezeichnung: . . . .
. . . .

3. Tätigkeiten im Tagesgeschäft: . . . .
. . . .

4. *Sonderaufgaben:* . . . .

. . . .

5. *Besondere Erfolge:* . . . .

. . . .

Wenn Sie sich die Bilanz Ihrer bisherigen Tätigkeiten ansehen, werden Sie erkennen, dass Sie schon vielfältige berufliche Aufgaben in den Griff bekommen haben. Ihre bisherigen Erfolge sollten Sie zum Anlass nehmen, erhobenen Hauptes auf die Suche nach einem neuen, spannenden Job zu gehen. Es ist nämlich nicht so, dass Sie nur vor Problemen flüchten. Im Gegenteil: Sie haben einiges zu bieten, das für neue Partner interessant sein kann. Richten Sie Ihren Blick deshalb auf die Erfolge, die Sie in der Vergangenheit feiern konnten. Rufen Sie sich immer wieder ins Gedächtnis, dass die schwierige Situation am Arbeitsplatz keineswegs Ihre anderen Leistungen herabwürdigt. Werden Sie sich Ihrer Stärken bewusst, damit Sie im Bewerbungsverfahren selbstbewusst auftreten können.

Qualität setzt sich durch

Die Bestandsaufnahme Ihrer bisher erbrachten Leistungen dient Ihnen als Grundlage für sämtliche Aktivitäten beim Stellenwechsel. Sie werden auf diese gesammelten Fakten noch häufig zurückgreifen. Wenn Sie auf Beispiele aus Ihrer Berufspraxis verweisen können, fällt es Ihnen leichter Kontakte aufzubauen, Telefongespräche zu führen, Anschreiben zu formulieren, Lebensläufe auszuarbeiten und in Vorstellungsgesprächen zu beeindrucken. Die neuen Arbeitgeber legen zudem Wert darauf, dass Sie Ihre berufliche Entwicklung hinterfragt haben und zu dem in Angriff genommenen Veränderungsprozess stehen. Schließlich wollen Sie selbst keiner Utopie hinterherjagen, sondern ohne unnötige Einschränkungen Ihre Arbeitsmotivation und Ihr volles Potenzial endlich entfalten.

Machen Sie eine Bestandsaufnahme

Meine Vorlieben

**Der Malus
wird zum
Bonus**
Den Malus, dass Sie sich um eine neue Stelle kümmern müssen, können Sie in einen Bonus verwandeln: Immerhin haben Sie die Chance, Arbeitsinhalte zu hinterfragen und daraus Schlüsse für Ihr zukünftiges Beschäftigungsverhältnis zu ziehen. Hinterfragen Sie Ihre bisherigen Tätigkeiten und finden Sie heraus, welche Arbeitsweisen Ihnen liegen und welche Arbeitsorganisation Sie brauchen, um zur Höchstform aufzulaufen.

Wenn Sie sich die »Bestandsaufnahme eines Kundenberaters« aus unserem Beispiel ansehen, werden einige Vorlieben unseres Kunden deutlich. In der Einstiegsposition als Vertriebsdisponent einer Zeitarbeitsfirma erledigte er hauptsächlich administrative Tätigkeiten und die telefonische Beratung von Kunden. In der zweiten Position wechselte er vom Dienstleistungsbereich in den Produktvertrieb. Dort war er als Vertriebsbeauftragter für Heizungstechnik für den Verkauf zuständig. Neben dieser Tätigkeit arbeitete er eng mit dem Service und dem Marketing zusammen. In seiner Position als Kundenberater in der Elektrobranche konnte er den Schritt zum Großkundenbetreuer vollziehen. Die Koordinierung unterschiedlicher Abteilungen gehörte auch weiterhin zu seinen Aufgaben. Darüber hinaus intensivierte er seine Tätigkeit im Schulungsbereich. Als Sonderaufgabe übernahm er die Umsetzung eines kundenorientierten Qualitätsbegriffes.

**Hinterfragen
Sie Ihre
bisherigen
Tätigkeiten**
Die Analyse dieser Bestandsaufnahme ergibt, dass die Optimierung der Abteilungskoordination, die Tätigkeit im Schulungsbereich und der direkte Draht zum Kunden zu den Vorlieben des Kundenberaters gehören dürften.

Doch allein aus der Tatsache, dass er immer wieder bestimmte Aufgaben übernommen hat, ergibt sich natürlich noch nicht, dass ihm diese auch besonders am Herzen liegen. Um herauszufinden, welche Tätigkeiten er mit besonderer Begeisterung erledigt, sind weitere Fragen nötig. Beispielsweise, ob die Sonderaufgaben wegen ihrer inhaltlichen Aspekte übernommen wurden, oder ob sie eher als Karrierebeschleuniger wirken sollten. Unser Kunde muss sich auch die Frage stellen, ob ihm der schnelle Verkaufserfolg wichtiger ist als mittelfristige Effekte aus Marketingkampagnen.

Auch aus Ihrer Bestandsaufnahme werden besondere berufliche Interessen deutlich werden. Verschaffen Sie sich Klarheit darüber, was Ihnen wichtig ist und welche Aufgaben Sie besonders engagiert erledigen. Finden Sie heraus, was Sie gern machen und in Zukunft vertiefen möchten: Erkennen Sie Ihre geheimen Sehnsüchte. **Berufliche Interessen werden deutlich**

Ihre geheimen Sehnsüchte

Übung

Reflektieren Sie die folgenden Fragen. Ihre Antworten werden Ihre Vorlieben und Stärken widerspiegeln. Diese Selbstbefragung hilft Ihnen zu bestimmen, welche Wünsche Sie an zukünftige Tätigkeitsfelder haben.

- Gehören für mich bestimmte Aufgaben zum »Salz in der Suppe« meines Arbeitslebens?
- Sind aus freiwillig übernommenen Sonderaufgaben dauerhafte Bestandteile meiner täglichen Arbeit geworden?
- Habe ich mich aktiv um Weiterbildungen in einem bestimmten Aufgabenbereich bemüht?
- Mit welchen Tätigkeiten verbinde ich meine schönsten Erfolge?
- Bei welchen Aufgaben vergeht die Zeit wie im Fluge (Flow-Erlebnis)?
- Welche Arbeitsergebnisse verteidige ich vehement gegen Widerstände?
- Bei welchen Themen gelte ich als viel gefragter Experte?

- Welche meiner Tätigkeiten könnte ich mir am ehesten als ehrenamtliche Beschäftigung vorstellen?
- Strebe ich viel Freiraum für eigene Entscheidungen an?
- Schaffe ich es, mich um parallel laufende Aufgaben zu kümmern?
- Will ich auch im Ausland tätig werden?
- Stehen für mich interessante berufliche Aufgaben im Vordergrund? Oder wünsche ich mir ein möglichst hohes Gehalt?
- Sehe ich mich als Vermittler zwischen der Geschäftsleitung und den Mitarbeitern?
- Arbeite ich lieber konzeptionell und strategisch oder lieber als Spezialist?
- Brauche ich ein eher hektisches oder ein eher beschauliches Arbeitsumfeld?
- Habe ich schon einmal versucht, aus unregelmäßig übernommenen Tätigkeiten eine Hauptbeschäftigung zu machen?
- Möchte ich einen Teil meiner Aufgaben lieber zu Hause erledigen?
- Arbeite ich gern unter hohem Erfolgsdruck?
- Bin ich karriereorientiert?
- Beschäftige ich mich bevorzugt mit langfristigen Projekten? Oder brauche ich schnell Rückmeldungen?
- Sehe ich es als Herausforderung, mich kurzfristig auf neue Aufgaben einstellen zu müssen? Oder sind mir Routineaufgaben lieber?
- Macht es mir Spaß, anderen etwas beizubringen?
- Gefällt es mir unterwegs zu sein, oder möchte ich lieber an einem Ort bleiben?
- Ist für mich eine hohe Identifikation mit meinem Beruf und/oder meiner Firma wichtig?

- Wünsche ich mir ein bestimmtes Firmenimage (innovativ, traditionell, dynamisch, ökologisch, kreativ)?
- Strebe ich Personalverantwortung an?
- Möchte ich stets mit den gleichen Leuten zusammenarbeiten? Oder bevorzuge ich wechselnde Arbeitsgruppen?

Nachdem Sie die aufgeführten Fragen beantwortet haben, werden Ihnen die Ansprüche, die Sie an Ihre neue Position stellen, sicherlich klarer. Jetzt können Sie definieren, in welcher Arbeitsumgebung Sie am meisten leisten und welche Tätigkeiten Ihnen einen Motivationsschub geben. Es gibt keinen Grund für Niedergeschlagenheit oder Trübsinn: Sie haben einiges zu bieten. Mit dem Bewusstsein Ihrer Leistungsfähigkeit können Sie den Stellenwechsel in Angriff nehmen.

So sollte die neue Arbeitsumgebung sein

Auf einen Blick

Ihr Selbstbewusstsein ist gefragt: Was haben Sie zu bieten?

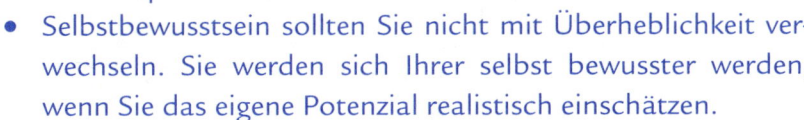

Im Blick

- Führen Sie sich Ihre bisherigen Erfolge vor Augen, um in der Wechselphase selbstbewusst auftreten zu können.
- Selbstbewusstsein sollten Sie nicht mit Überheblichkeit verwechseln. Sie werden sich Ihrer selbst bewusster werden, wenn Sie das eigene Potenzial realistisch einschätzen.
- Arbeitgeber schätzen Bewerberinnen und Bewerber, die Selbstsicherheit ausstrahlen. Wer weiß, was er kann und was er will, wird andere für sich einnehmen können.
- Fertigen Sie eine Bestandsaufnahme an, in der Sie festhalten, was Sie alles gelernt und gemacht haben.
- Sichten Sie für Ihre Bestandsaufnahme Ihre Arbeitsverträge,

die Arbeitszeugnisse, Projektberichte und Stellenbeschreibungen.

- Machen Sie sich bewusst, dass es beim Stellenwechsel nicht nur darum geht, Probleme hinter sich zu lassen. Sie haben neuen Arbeitgebern viel zu bieten.
- Werten Sie Ihre Bestandsaufnahme aus, um festzustellen, welche Arbeitsinhalte und welche Rahmenbedingungen Sie besonders motivieren.
- Wenn Sie sich Ihrer Vorlieben und Stärken bewusst werden, können Sie Ihre Wünsche an zukünftige Tätigkeiten besser formulieren.
- Die Bestandsaufnahme wird Sie das gesamte Bewerbungsverfahren über begleiten. Sie wird es Ihnen ermöglichen, mit Beispielen aus Ihrer Berufspraxis zu argumentieren.

5

Vorbereitung auf den Flirt: Wie präsentieren Sie Ihre Stärken?

Im Bewerbungsverfahren müssen Sie überzeugen: am Telefon, durch Ihre Bewerbungsmappe und in den Vorstellungsgesprächen. Bevor Sie in die eigentliche Bewerbungsphase einsteigen, sollten Sie sich Gedanken darüber machen, wie Sie sich optimal präsentieren und Ihre Stärken hervorheben können. Ganz wichtig dabei ist: Blicken Sie nicht im Zorn zurück! Lernen Sie, sich von Ihrer besten Seite zu zeigen.

Bei der Präsentation der eigenen Stärken gilt es, einige Klippen zu umschiffen. Das größte Handicap von Stellenwechslern ist zumeist die unbewältigte Problemsituation am gegebenen Arbeitsplatz. Viele Bewerbungen vermitteln den Eindruck, dass der Absender am liebsten eine Unternehmensberatung damit beauftragen würde, die Missstände beim derzeitigen Arbeitgeber zu beseitigen. Lesen Personalverantwortliche die detaillierten Schilderungen von solchen Problemen und Auseinandersetzungen, fragen sie sich unwillkürlich, ob es sich bei einem solchen Schreiben tatsächlich um eine Bewerbung handelt.

Auch in Vorstellungsgesprächen können sich Bewerberinnen und Bewerber mit ihrer Kritik häufig nicht zurückhalten. Manche nutzen sogar die Gelegenheit, endlich einmal alle Missstände ihrer Arbeitssituation anzuprangern und die aus ihrer Sicht dafür Verantwortlichen bloßzustellen. Doch ein Bewerbungsgespräch ist für solche Beschwerden nicht der richtige Ort. Wir zumindest haben es in unserer Beratungspraxis noch nicht erlebt, dass sich bei einem Personalprofi aufgrund

Personalabteilungen sind keine Beschwerdestellen

ausführlicher Problemschilderungen eines Bewerbers derartiges Mitleid einstellt, dass er gerührt einen Arbeitsvertrag auf den Tisch legt. Im Gegenteil: Personalverantwortliche fragen sich in solchen Fällen, warum der Bewerber bisher nichts getan hat, um die schwierige Situation an seinem Arbeitsplatz zu lösen. Mangelt es ihm womöglich an Konfliktfähigkeit? Oder ist er sogar selbst der Grund für die Probleme?

Zum Streiten gehören in der Regel zwei. Wer andere anklagt, muss sich die Frage gefallen lassen, welche Rolle er selbst in dem Konflikt spielt. In einem Bewerbungsgespräch werden die Personalverantwortlichen bei einer derartigen Themenwahl wenig Anlass haben, sich produktiv mit dem Profil des Bewerbers auseinander zu setzen. Die Bewerberin oder der Bewerber bringt sich also durch Hasstiraden nur selbst um die Möglichkeit, das Gespräch für die positive Selbstdarstellung zu nutzen. Letztendlich führen solche negativen Darstellung der bisherigen Berufsausübung im Bewerbungsverfahren zwangsläufig zu einer negativen Einstellungsentscheidung.

Aus unserer Beratungspraxis
Unbewältigte Vergangenheit

Beratung

Eine junge Führungskraft suchte unsere Beratung auf, um ihre Bewerbungsunterlagen begutachten zu lassen. Der junge Mann wirkte zornig und sehr entschlossen. Auch seine Leistungsorientierung und der Wille, etwas zu bewegen, blieben uns nicht verborgen. Mit dieser Ausstrahlung brachte er durchaus gute Voraussetzungen mit, seine Karriere voranzutreiben.

In bisherigen Bewerbungen hatte es der junge Mann jedoch nicht geschafft, seine Energie positiv zu präsentieren. Stattdessen war fast das gesamte Anschreiben als Anklageschrift gegen seinen Arbeitgeber formuliert. Es waren Sätze zu lesen wie: »Das organisatorische Chaos blockiert eine vernünftige Auftragsabwicklung.« Oder: »In meinem Verantwortungsbereich, der Produktion, werden mir immer wieder unrealistische Terminplanungen vorgegeben.« Oder: »Die älteren Kollegen leisten schon lange nichts mehr.«

Unser Kunde hatte die Bewerbung in der Hoffnung verfasst, dass seine kritischen Schilderungen bei jungen Personalverantwortlichen offene Türen einrennen würden. Dabei hatte er völlig aus dem Blick verloren, dass eine neue Firma erst noch von den Qualifikationen des Bewerbers überzeugt werden muss. Die Abwertung des Arbeitsumfeldes sagt nämlich noch nichts über das persönliche Profil aus.

Das Bedürfnis Missstände zu artikulieren war bei dem jungen Abteilungsleiter sehr ausgeprägt. Er musste zunächst lernen, auch die positiven Aspekte seiner bisherigen Berufstätigkeit wahrzunehmen. Selbst wenn wir ihm ein positiveres Anschreiben vorformuliert hätten, wäre er spätestens im Vorstellungsgespräch gescheitert – und zwar an seiner ungebändigten Wut.

Fazit: Es erschwert den Bewerbungsprozess lediglich, wenn man die unbewältigte Vergangenheit in ihn hineinträgt. Allzu leicht vergisst man vor lauter Problemen, das eigene Stärkenprofil zu vermitteln. Gerade daran ist der neue Arbeitgeber jedoch interessiert. Probleme hingegen sind niemals ein Grund, sich *für* eine Bewerberin oder einen Bewerber zu entscheiden.

Vermeiden Sie den Fehler, sich an den Problemen zu orientieren, die Sie zum Wechsel bewegen. Sie werden nämlich nur dann erfolgreich sein, wenn Sie dem neuen Arbeitgeber Ihre Stärken überzeugend vermitteln. Setzen Sie sich zunächst mit den Wünschen der ausschreibenden Unternehmen auseinander. Hierzu machen wir Sie mit den Anforderungen vertraut, die Firmen an neue Mitarbeiter stellen. Im Anschluss daran lernen Sie, wie Sie sich überzeugend präsentieren, ohne in die Problematisierungsfalle zu geraten.

Ihre Stärken: fachliche Kenntnisse und Soft Skills

Die Anforderungen, die Firmen an Stellenwechsler stellen, lassen sich in zwei Gruppen einteilen: in fachliche Kenntnisse und in persönliche Fähigkeiten, auch Soft Skills genannt.

Fachliche Kenntnisse

Ihr Wissen
ist gefragt

Unter fachlichen Kenntnissen verstehen Personalverantwortliche das Wissen, das Sie sich in einer Ausbildung oder einem Studium und während Ihrer Berufsausübung angeeignet haben. Hinzu kommen Kenntnisse aus Weiterbildungsmaßnahmen sowie Ihre Sprach- und Computerkenntnisse. Fachliche Kenntnisse werden auch als Fachwissen oder fachliche Kompetenz bezeichnet. Sie müssen in Ihrer Bewerbung aufzeigen, dass Sie über das Fachwissen verfügen, das die Firma von den Bewerberinnen und Bewerbern einfordert.

Fachwissen einer Werbekauffrau

Eine Werbekauffrau, die in der Marketingabteilung eines Versandhandels tätig war, verfügt unter anderem über dieses Fachwissen:

- Erstellung von Verkaufsunterlagen
- Konzeption von Werbekampagnen
- Budgetplanung
- Koordination der Anzeigenschaltung
- Verfassen von Mailings für Direktwerbeaktionen

Hinzu kommt dieses Fachwissen aus Weiterbildungsseminaren:

- Datenbankeinsatz im Direktmarketing
- Zielgruppendefinition anhand von Ergebnissen aus der Marktforschung

Neben diesen speziellen Berufskenntnissen verfügt die Werbekauffrau auch über EDV-Kenntnisse und Fremdsprachenkenntnisse:

- Textverarbeitung
- Datenbankabfrage
- Tabellenkalkulation
- Englisch

Erfassen Sie Ihre fachlichen Kenntnisse

Machen Sie eine Inventur Ihrer Fachkenntnisse. Listen Sie anhand von Stellenbeschreibungen und Arbeitszeugnissen die in Ihrem Tätigkeitsbereich gefragten Fachkenntnisse auf.

Fachliche Kenntnisse aus Ausbildung/Studium und Berufsausübung

1. . . . .
2. . . . .

3. . . . .
4. . . . .
5. . . . .

Weiterbildungsmaßnahmen

1. . . . .
2. . . . .
3. . . . .

EDV-Programme

1. . . . .
2. . . . .
3. . . . .

Sprachen

1. . . . .
2. . . . .

Soft Skills

Selbst wenn Sie Stellenanzeigen nur kurz überfliegen, fällt Ihnen sicherlich auf, dass bestimmte Anforderungen immer wieder genannt werden – so zum Beispiel Flexibilität, Belastbarkeit, Teamfähigkeit, Organisationsgeschick, kommunikative **Ohne Persön-** Fähigkeiten. Diese Begriffe haben keinen direkten Bezug zu **lichkeit geht** den fachlichen Kenntnissen, sondern sie beziehen sich auf die **es nicht** Person. Daher werden diese Fähigkeiten persönliche Fähigkeiten genannt. In den Personalabteilungen werden sie auch als soziale Kompetenz, als außerfachliche Fähigkeiten oder als Soft Skills bezeichnet.

Es geht bei den Soft Skills darum, wie Sie Ihre Fachkenntnisse bei der Lösung von beruflichen Aufgaben einsetzen und wie Sie die Zusammenarbeit mit Kollegen und Kunden gestalten.

Soft Skills einer Werbekauffrau

Stellenanzeigen, die das Profil von Werbekaufleuten umschreiben, fordern oftmals folgende persönliche Fähigkeiten ein:

- Kreativität
- Offenheit für Neues
- freundliches und einnehmendes Wesen
- Teamfähigkeit
- Belastbarkeit

Beispiel

Die in einer Anzeige geforderten Soft Skills hängen von den Aufgaben ab, die am neuen Arbeitsplatz zu bewältigen sind. Personalverantwortliche legen sie neben den gewünschten fachlichen Kenntnissen für jede einzelne Stelle fest. Die Beurteilung dieser Soft Skills bereitet jedoch meist Schwierigkeiten. Sie lassen sich nämlich nicht so einfach erfassen wie Fachkenntnisse. Es gibt keine Noten für Flexibilität oder Teamfähigkeit. Auch die Auswertung von Arbeitszeugnissen bezüglich dieser Fähigkeiten ist oft nicht besonders ergiebig. Hinzu kommt das Problem, dass viele Soft Skills durch Medien längst in aller Munde sind. Eigentlich jeder Bewerber behauptet inzwischen von sich, er sei »motiviert, kreativ und teamfähig«.

Soft Skills lassen sich nicht so leicht erfassen

Eine der wesentlichen Aufgaben von Personalverantwortlichen ist es deshalb, diejenigen Bewerber, die über die gewünschten Soft Skills verfügen, von denen zu unterscheiden, die dies nur behaupten.

Kommen wir noch einmal auf das Problem zurück, dass Stellenwechsler im Bewerbungsverfahren häufig nur die negativen Seiten ihrer Zusammenarbeit mit den anderen thematisieren. Der Blick zurück im Zorn führt dazu, dass der zwischenmenschliche Bereich als problematisch ausgewiesen wird. Wer seine Schwierigkeiten am Arbeitsplatz betont, wird nicht selten als Teil dieser Schwierigkeiten angesehen.

Sicherlich haben Sie es schon einmal erlebt, dass in Ihrem Bekanntenkreis eine Partnerschaft zerbrochen ist und einer der Betroffenen Ihnen sein Leid klagt. Es macht einen misstrauisch, wenn diese Person stundenlang nur darüber berichtet, was der andere alles falsch gemacht hat. Wer würde schließlich nicht denken: »Und *du*, was hast *du* wohl alles falsch gemacht?«

Verdeutlichen Sie Ihre Soft Skills an positiven Beispielen Im Bewerbungsverfahren wird ein Personalverantwortlicher an der Konfliktfähigkeit und den kommunikativen Fähigkeiten des Bewerbers zweifeln, wenn dieser in der Bewerbung ausschließlich über sein angespanntes Verhältnis zu seinem Vorgesetzten berichtet. Erklärt eine Bewerberin, die zu hohe Arbeitsbelastung sei der Grund für ihren Wechsel, wird der Personalverantwortliche sicherlich an ihrer Belastungsfähigkeit zweifeln.

Machen Sie es besser: Lernen Sie, Ihre Soft Skills ohne negative Eintrübung darzustellen. Dabei dürfen Sie sich aber nicht auf das schlagwortartige Aufzählen von Soft Skills beschränken. Sie müssen Ihre persönlichen Fähigkeiten an Beispielen aus dem Berufsalltag deutlich machen. So wird Ihr Soft-Skill-Profil für Personalverantwortliche nachvollziehbar.

Soft Skills belegen

Im Beispiel »Soft Skills einer Werbekauffrau« hat die Bewerberin fünf gefragte Soft Skills aus Stellenanzeigen herausgefiltert. Nun muss sie entsprechende Belege aus ihrer Berufspraxis als Werbekauffrau finden.

Beispiel

- Kreativität
  Belege: Zusammenarbeit mit Werbeagenturen, Ideen für Prospekte

- Offenheit für Neues
  Belege: Teilnahme an Weiterbildungsseminaren, Konzeption von Internetauftritten

- freundliches und einnehmendes Wesen
  Belege: Betreuung von Praktikantinnen und Praktikanten, Geschäftsessen mit Kunden

- Teamfähigkeit
  Belege: Abstimmung von Kampagnen mit Vertrieb und Einkauf, Entscheidungsfindung in Konferenzen

- Belastbarkeit
  Belege: Überstunden, termingerechte Fertigstellung von Flyern und Verkaufsunterlagen

Wenn Sie mit konkreten Beispielen und Situationen aus Ihrer Berufspraxis argumentieren, gelingt Personalverantwortlichen deren Übersetzung in die geforderten Soft Skills ganz automatisch – auch ohne sie ausdrücklich benannt zu bekommen. In unserem Beispiel »Soft Skills belegen« haben wir Ihnen darüber hinaus gezeigt, dass die Bewältigung beruflicher Aufgaben stets mit dem Einsatz von Soft Skills einhergeht. In der folgenden Übung geht es nun darum, berufliche Situationen zu finden, anhand derer Sie Ihr Soft-Skill-Potenzial deutlich machen können.

Ihr Soft Skill-Potenzial wird deutlich

Ihre persönlichen Fähigkeiten

Wählen Sie eine für Sie interessante Stellenanzeige aus und unterstreichen Sie die geforderten Soft Skills. Ordnen Sie den jeweiligen Soft Skills dann berufliche Aufgabenstellungen zu, für deren Bewältigung Sie genau diese persönlichen Fähigkeiten eingesetzt haben.

Übung

Soft Skill 1: . . . .
Belege: . . . .

Soft Skill 2: . . . .
Belege: . . . .

Soft Skill 3: . . . .
Belege: . . . .

Soft Skill 4: . . . .
Belege: . . . .

Soft Skill 5: . . . .
Belege: . . . .

Auf den richtigen Ton kommt es an

Jeder Stellenwechsler hat eine Menge zu bieten. Auch Sie müssten mittlerweile eine beachtliche Liste von fachlichen Kenntnissen und Soft Skills zusammengestellt haben. Sie können also in Ihrer Bewerbung mit Praxisbeispielen argumentieren, auf Weiterbildungen verweisen und Ihre Stärken in der Zusammenarbeit mit anderen belegen. Im Gegensatz zu unvorbereiteten Bewerbern haben Sie Material, auf das Sie im Bewerbungsverfahren immer wieder zurückgreifen können. Sie dürften kein Problem mehr haben, Ihre Bewerbung mit Inhalt zu füllen.

Finden Sie den richtigen Ton heraus Lernen Sie nun, wie Sie Ihre Stärken optimal präsentieren. Es ist gar nicht so einfach, den richtigen Ton zu finden. In unserer Beratungspraxis erleben wir es oft, dass Bewerber entweder zu forsch vorgehen oder aber sich unabsichtlich unter Wert verkaufen. Häufig wird uns die Frage gestellt, wie man am besten den schmalen Grat zwischen Überheblichkeit und Graue-

Den richtigen Ton zu finden ist nicht leicht

Maus-Image beschreitet. Die Antwort lautet: Beschreiben Sie Ihre Fähigkeiten, bewerten Sie sie nicht. Beschreibende Formulierungen haben den unüberschätzbaren Vorteil, dass Sie Ihr Gegenüber für sich einnehmen können, ohne sich übertrieben anpreisen zu müssen.

Es ist wichtig, dass Sie Personalverantwortliche nicht in eine Abwehrhaltung treiben. Mit beschreibenden Formulierungen vermeiden Sie es von Anfang an, dass eine Kampfstimmung **Sachliche** zwischen Ihnen und denjenigen entsteht, die die Personalent- **Formu-** scheidungen in einem Unternehmen treffen. Die Verantwortli- **lierungen** chen lassen sich die Aufgabe nicht abnehmen, Ihre Qualifikati- **helfen** onen zu beurteilen. Sie wollen selbst entscheiden, ob Sie für die **weiter** Stelle geeignet sind. Mit sachlichen Formulierungen erreichen Sie, dass man Ihre Bewerbung unvoreingenommen überprüft. Selbstanpreisungen im Stile eines Marktschreiers führen Sie ebenso wenig zum Ziel wie Schuldzuweisungen an den momentanen Arbeitgeber. Machen Sie stattdessen deutlich, wie Sie Ihre fachlichen Kenntnisse und Ihre Soft Skills eingesetzt haben, um berufliche Aufgaben zu lösen.

Von der Problemkommunikation zur neutralen Selbstdarstellung

Ein Techniker, der im Maschinenbau tätig ist, schadet sich nur selbst, wenn er in seiner Bewerbung wertende Formulierungen benutzt und allzu deutlich auf die Probleme in seiner Firma eingeht.

Wertende Formulierungen: »In der von mir betreuten Inbetriebnahme gab es immer wieder Probleme durch die schlechte Abstimmung zwischen Konstruktion und Vertrieb. Obwohl ich mein Wissen über den kundenorientierten Qualitätsbegriff offensiv vertreten habe, konnte ich die Fehlentwicklungen nicht korrigieren. Die lieben Kollegen aus dem Service versuchten stets, ihre hausgemachten Probleme der Forschung und Entwicklung anzulasten. In diesem Klima war es mir nicht möglich, mein beachtliches Potenzial freizusetzen.«

Günstiger ist diese Art der Selbstdarstellung:

Beschreibende Formulierungen: »Ich betreue Aufträge von der Abstimmung mit dem Kunden über die Konstruktion bis hin zur Inbetriebnahme. Daneben habe ich das Projekt ›Steigerung der Kundenzufriedenheit‹ initiiert. Für den Service habe ich Dokumentationen erstellt und Produktschulungen konzipiert.«

Ich bin der Beste!

Ein Marketingreferent, der sich selbst beweihräuchert, wird bei Personalverantwortlichen Misstrauen hervorrufen.

Wertende Formulierungen: »Die hohe Innovationskraft meiner Vorschläge ist für mein Unternehmen unverzichtbar. Ohne meinen Einsatz wären die Markterfolge nicht möglich gewesen. Natürlich bin ich nicht unumstritten, aber Neid ist für mich der Applaus für den Gewinner.«

Beispiel 2

Neutral ausgedrückt, klingt dies so:

Beschreibende Formulierungen: »Mit einer optimierten Abstimmung von Marketing, Pressearbeit und Vertrieb habe ich eine Produktreihe relauncht. Der Marktanteil stieg nach der Kampagne von 10 Prozent auf 18 Prozent. Zusammen mit den Kollegen aus dem Vertrieb habe ich zielgruppenspezifische Verkaufsförderungsmaßnahmen entwickelt und installiert.«

In Ihrem Bewerbungsverfahren kommt es darauf an, dass Sie dem neuen Arbeitgeber in wenigen Sätzen verdeutlichen, dass Sie in Ihrer bisherigen beruflichen Praxis Erfolg gehabt haben. Dies gelingt Ihnen am besten, wenn Sie darlegen, welche Kenntnisse und Fähigkeiten Sie eingesetzt haben, um berufliche Aufgaben zu lösen. An unseren Beispielen haben Sie gesehen, dass Sie den Erfolg so darstellen müssen, dass er Ihrer Person zugeschrieben wird. Die Abwertung anderer Personen oder übertriebene Lobeshymnen auf die eigene Leistung bringen Ihnen keine Pluspunkte. Selbstverständlich sollten Sie sich als erfolgreich, aktiv und zupackend darstellen. Der beste Weg, dies zu erreichen, ist der Einsatz beschreibender Formulierungen. Wenn Sie Ihre Leistung beschreiben und auf unnötige Bewertungen verzichten, vermeiden Sie es, sowohl in die Falle der Selbstüberschätzung zu geraten als auch sich unter Wert zu verkaufen. **Beschreiben Sie sich als Macher**

Personalverantwortliche wünschen sich ein Bewerberprofil am liebsten in Gutachtenform. Diesem Wunsch kommen Sie mit der Methode »beschreiben, ohne zu bewerten« entgegen. Bei all Ihren Bewerbungsaktivitäten ist es wichtig, dass Sie eine Zusammenfassung Ihrer beruflichen Qualifikation liefern. Ein beschreibendes Kurzgutachten, ganz gleich, ob mündlich oder schriftlich vermittelt, ist der beste Weg, um sich Gehör zu verschaffen und Türen zu öffnen. **Eine neutrale Zusammenfassung ist wichtig**

Gehör finden

Beispiele

Am Messestand

Ein Versicherungskaufmann wird mit solchen beschreibenden Formulierungen auf einer Messe Interesse wecken: »Ich bin bereits seit einigen Jahren im Sachversicherungsgeschäft tätig. Die Prämienkalkulation, die Angebotserstellung und die Ausarbeitung von Deckungskonzepten gehören zu meinen Aufgaben. Ein Schwerpunkt meiner Tätigkeit ist die Betreuung von Niederlassungen.«

Anschreiben

Beispiel 2 *Eine Finanzbuchhalterin wird mit ihrem Anschreiben positive Aufmerksamkeit erzielen, wenn sie ihre Berufserfahrung so beschreibt:* »Für Geschäftskunden habe ich die Sachkonten-, Kreditoren- und Debitorenbuchhaltung betreut. Die Kontierung und Buchung von Geschäftsvorfällen wurden von mir in SAP R/3 vorgenommen. Die Mandantenbetreuung in handelsrechtlichen Kontierungs- und Bewertungsfragen gehörte ebenso zu meinen Aufgaben wie die Mitwirkung bei der Erstellung von Jahresabschlussunterlagen.«

Vorstellungsgespräch

Beispiel 3 *Die Frage »Warum sollten wir uns für Sie entscheiden?« könnte ein Technischer Assistent überzeugend so beantworten:* »Ich würde gern für Ihr Unternehmen tätig werden, um meine Erfahrungen in der Montage von elektromechanischen Kleingeräten bei Ihnen einzusetzen. In der Durchführung von Funktionstests an Prototypen verfüge ich über einschlägige Berufserfahrung. Bei der Fertigung von Prototypen und Musterteilen habe ich eng mit der Konstruktion zusammengearbeitet, aber auch die Bedürfnisse der Produktion berücksichtigt. Dadurch konnte ich Verbesserungsvorschläge einreichen, die einen reibungslosen Start der Serienproduktion erleichterten.«

Gewöhnen Sie sich rechtzeitig an den richtigen Ton für die Darstellung Ihrer beruflichen Kompetenz. Unsere Beispiele zur neutralen – und aussagekräftigen – Schilderung von Berufs-profilen haben Ihnen gezeigt, dass es möglich ist, bei Personal-verantwortlichen positive Aufmerksamkeit zu erreichen. Auf Übertreibungen und Schuldzuweisungen können Sie getrost verzichten. Damit Ihnen im Ernstfall das Marketing in eigener Sache locker von der Hand geht, haben wir für Sie eine Übung vorbereitet.

Marketing in eigener Sache ist nötig

Beschreiben Sie sich jetzt!

Übung

Trainieren Sie, die wesentlichen Tätigkeiten Ihrer bisheri-gen Berufspraxis ohne Eigenbewertung in zwei bis drei Sätzen zusammenzufassen. Beschreiben Sie, welche Auf-gaben Sie übernommen haben, welche Projekte Sie gelei-tet haben und über welche sonstigen Erfahrungen Sie ver-fügen. Verwenden Sie dabei Formulierungen wie:

- »Ich habe bereits als . . . . gearbeitet.«
- »Mit den Tätigkeiten einer/eines . . . . bin ich vertraut.«
- »Ich habe . . . . organisiert/koordiniert/durchgeführt/geleitet.«
- »Die Aufgaben . . . . und . . . . gehörten mit zu meinem Tätigkeitsbereich.«
- »Durch meine Erfolge in . . . . konnte ich mich für den Aufstieg zum . . . . qualifizieren.«
- »Ich habe am Projekt . . . . mitgearbeitet.«
- »Ich verfüge über Kenntnisse in . . . . und . . . .«

- »Bei meinem derzeitigen Arbeitgeber bin ich für . . . . .
  . . . . zuständig.«
- »Ich habe Umsatzsteigerungen in Höhe von . . . .
  realisiert.«
- »In meiner Tätigkeit als . . . .
  habe ich . . . .
  und . . . . bearbeitet.«

Ihr erster Satz: . . . .
Ihr zweiter Satz: . . . .
Ihr dritter Satz: . . . .

Gleichgültig, ob Sie zum Telefon greifen, ein Anschreiben formulieren oder die Fragen in einem Bewerbungsgespräch beantworten – wenn Sie Kontakt zu neuen Arbeitgebern suchen, ist **Kommu-** Ihr kommunikatives Geschick gefragt. Die Kommunikati- **nikatives** onstechnik »beschreiben, ohne zu bewerten« hilft Ihnen, wir- **Geschick** kungsvoll die eigenen Stärken zu präsentieren.

steht Anders als manch andere Stellenwechsler werden Sie sich **an erster** nicht mehr auf emotionalen Nebenkriegsschauplätzen aufrei- **Stelle** ben müssen. Denn Sie werden in der Lage sein, Ihr Profil offensiv zu vertreten. Die neutrale Beschreibung des Profils ist ein wichtiger Schritt, um von den Problemen am momentanen Arbeitsplatz wegzukommen und neue Chancen auf dem Arbeitsmarkt ergreifen zu können.

Vorbereitung auf den Flirt: Wie präsentieren Sie Ihre Stärken?

Im Blick

- Es hilft Ihnen nicht weiter, wenn Sie sich allein an Ihren Problemen orientieren. Stellen Sie lieber Ihre Stärken in den Vordergrund.

- Personalverantwortliche, die sich im Bewerbungsverfahren mit Ihnen beschäftigen, sind nicht die geeigneten Ansprechpartner für Ihre Probleme am momentanen Arbeitsplatz. Wer andere anklagt, muss sich gegebenenfalls die Frage gefallen lassen, ob er selbst etwas zu den Schwierigkeiten beigetragen hat.

- Firmen fordern von Bewerbern fachliche Kenntnisse und persönliche Fähigkeiten ein. Diese persönlichen Fähigkeiten werden auch Soft Skills genannt.

- Machen Sie eine Inventur Ihrer Fachkenntnisse, um auf die Anforderungen in Stellenanzeigen geeignet reagieren zu können.

- Die geforderten Soft Skills hängen von den am Arbeitsplatz zu bewältigenden Aufgaben ab. Soft Skills lassen sich daher am besten durch Beispiele aus dem Berufsalltag belegen.

- Sie bringen Personalverantwortliche dazu, Ihnen Aufmerksamkeit zu schenken, wenn Sie Ihr berufliches Profil beschreibend darstellen und dabei auf Bewertungen verzichten.

- Unnötige Bewertungen der eigenen Leistungen sind immer eine Kampfansage. Personalverantwortliche werden versuchen, Ihnen das Gegenteil Ihrer Behauptungen zu beweisen.

- Verzichten Sie auf Übertreibungen und Schuldzuweisungen. Vermitteln Sie Ihr Profil mit neutralen Beschreibungen und aussagekräftigen Beispielen aus der Berufspraxis.

Das Abenteuer startet:
geeignete Orte für den Flirt

Wie finden Sie einen interessanten Arbeitgeber? Sie können den offenen Stellenmarkt nutzen und sich in den Printmedien oder im Internet informieren. Oder Sie knüpfen persönliche Kontakte und erschließen sich so den verdeckten Stellenmarkt.

Der offene und der verdeckte Stellenmarkt Wenn Sie Ihren Stellenwechsel aktiv in Angriff nehmen wollen, können Sie nicht darauf warten, dass Ihnen geeignete Stellenausschreibungen ganz von allein in die Hände fallen. Sie sollten alle Möglichkeiten nutzen, um zu erfahren, welche Arbeitgeber für Sie interessante Stellen bereithalten. Neben der Internetrecherche und dem Lesen von Stellenanzeigen in Zeitungen und Zeitschriften gibt es noch andere Wege, um Kontakt mit dem Wunscharbeitgeber aufzunehmen.

Kontaktanzeigen lesen

Um Firmen zu finden, die neue Mitarbeiter suchen, können Sie:

- den Stellenteil in den Wochenendausgaben der Tageszeitungen und/oder branchentypische Fachmagazine mit Stellenmarkt lesen,
- zum Stellen-Informations-Service/SIS des Arbeitsamtes gehen,
- gezielt im Internet suchen.

Durchkämmen Sie den Dschungel der Stellenanzeigen

Der Stellenteil in Zeitungen und Fachmagazinen

Die Bewerbung aufgrund einer Stellenanzeige in den Wochenendausgaben der Tageszeitungen ist nach wie vor einer der erfolgversprechendsten Wege, einen neuen Arbeitsplatz zu finden. Trotz der Konkurrenz durch das Internet werden die meisten Stellen in den Printmedien ausgeschrieben. Gerade weil der Umfang des Stellenangebotes im Internet sehr groß und unübersichtlich ist, bleiben Stellenanzeigen in Zeitungen für Arbeitgeber genauso wie für Stellensuchende weiterhin interessant. Regionale Zeitungen haben zudem den Vorteil, dass sich Bewerberinnen und Bewerber aus dem lokalen Umfeld der Firma ansprechen lassen. Überregionale Zeitungen hingegen ermöglichen eine gezielte Kontaktanbahnung mit speziellen Zielgruppen.

Sichten Sie Stellenanzeigen

Beschränken Sie sich bei der Suche nach einem neuen Arbeit-geber nicht auf die Zeitung, die Sie täglich zu Ihrer Information

Nutzen Sie verschiedene Zeitungen und Zeit-schriften nutzen. Kaufen Sie die Samstagsausgaben von verschiedenen Zeitungen. Arbeiten Sie den Stellenmarkt in den Zeitungen sorg-fältig durch. Achten Sie darauf, alle Anzeigen zu erfassen, die in-teressant sein könnten. Ihre Wunschposition finden Sie mögli-cherweise in einer eher unauffälligen Anzeige und nicht in einer großformatigen Stellenausschreibung einer bekannten Firma. Schneiden Sie die für Sie interessanten Anzeigen aus, vermerken Sie das Erscheinungsdatum und den Namen der Zeitung.

Nutzen Sie bei der Suche nach einer neuen Stelle auch Fach-magazine. Monatlich oder quartalweise erscheinende Fachma-gazine gibt es mittlerweile für fast alle Branchen. Üblicherweise enthalten sie einen eigenen Stellenteil. Die Firmen greifen bei der Bewerbersuche gern auf Fachmagazine zurück, weil die Be-werberansprache gezielt erfolgen kann. Je spezieller die nachge-fragten Kenntnisse sind, desto eher wird eine Anzeige in Fach-magazinen geschaltet.

Stellen-Informations-Service (SIS) des Arbeitsamtes

Die flächendeckende Einführung des Stellen-Informations-Service (SIS) in allen Arbeitsämtern hat dazu geführt, dass

Sichten Sie Anzeigen im SIS kleine und mittelständische Unternehmen weniger Stellenan-zeigen schalten. Die Bewerbersuche findet aus Kostengründen oft über das Arbeitsamt statt. Der SIS hat für die Firmen den Vorteil, dass sich die Bewerberinnen und Bewerber die ausge-schriebenen Positionen direkt am Terminal ansehen können. Im Gegensatz zu früher findet die Vermittlung nicht mehr durch eine Beraterin oder einen Berater des Arbeitsamtes statt. Dadurch haben sich die Möglichkeiten zur Eigeninitiative bei der Bewerbung vergrößert. Der direkte Kontakt zwischen Stel-lenwechslern und der Firma entsteht heute schneller.

Die Angebote im SIS sind mehr auf das mittlere und untere Qualifikations- und Gehaltssegment zugeschnitten. Zumeist aus Platzgründen sind die Stellenbeschreibungen zum Teil sehr oberflächlich verfasst. Wenn Sie nicht sicher sind, ob Sie für die ausgeschriebene Position geeignet sind, rufen Sie zunächst bei der Firma an und informieren Sie sich über das geforderte Profil.

Achten Sie in jedem Fall auf das Eingabedatum des Stellenangebots, um Ihre finanziellen und geistigen Reserven nicht unnötig zu vergeuden. Wir haben im SIS schon Ausschreibungen gesehen, die 18 Monate alt waren. Das Eingabedatum ist bei jeder Position angegeben. Senden Sie Ihre Bewerbungsunterlagen auf eine im SIS ausgeschriebene Stelle ohne weitere Erkundigungen nur dann ab, wenn die Stelle vor weniger als vier Wochen eingegeben wurde. Ist die jeweilige Position älter als vier Wochen, rufen Sie zunächst bei der Firma an und erkundigen Sie sich, ob die Stelle noch zu haben ist. **Achten Sie auf Aktualität**

Den Stellen-Informations-Service des Arbeitsamtes können Sie auch im Internet unter *www.arbeitsamt.de* abrufen.

Stellensuche im Internet

Eine immer wichtigere Rolle bei der Stellensuche spielt das Internet. Viele Firmen machen ihren Bedarf an neuen Mitarbeitern meist parallel zu Stellenanzeigen, zum Teil aber auch ausschließlich im Internet bekannt.

Noch vor einigen Jahren hatte das Internet den Ruf, nur von Studenten und den Angehörigen informationstechnischer Berufe genutzt zu werden. Inzwischen gehört die Internetnutzung in den meisten Branchen und Berufsfeldern zum Arbeitsalltag. Aus diesem Grund hat sich das Internet auf dem Stellenmarkt etabliert. Immer mehr Firmen machen ihren aktuellen Einstellungsbedarf über das Internet bekannt. Sie finden im Internet Stellenangebote **Das Internet hat sich im Berufsalltag durchgesetzt**

- direkt auf den Homepages der Firmen,
- in Jobbörsen,
- in den Online-Stellenmärkten von Zeitungen.

Homepages der Firmen: Klicken Sie sich direkt auf die Homepage der Firma oder gehen Sie mithilfe einer Suchmaschine vor.

Bereits auf den Startseiten verweisen die Firmen zumeist auf ihr Stellenangebot. Unter den angebotenen Stellen werden Sie sehr konkret formulierte Ausschreibungen finden, aber auch sehr allgemein gehaltene. Wenn Sie vor Ihrer Bewerbung noch weiteren Informationsbedarf haben, sollten Sie sich mithilfe eines Telefonanrufes Klarheit über die besonderen Anforderungen der zu vergebenden Stelle verschaffen.

Jobbörsen: Es gibt allgemeine Jobbörsen mit einem sehr großen Stellenangebot, aber auch spezielle Jobbörsen für einzelne Branchen. Unsere Auswahl stellt Ihnen wichtige Jobbörsen vor. Weitere Jobbörsen können Sie mit der Hilfe von Suchmaschinen aufspüren:

www.stepstone.de	www.jobware.de
www.jobpilot.de	www.stellenanzeigen.de
www.stellenmarkt.de	www.stellen-online.de
www.jobscout24.de	www.pharmajobs.com
www.jobonline.de	www.info-med.de
www.job-consult.de	www.vertriebs-jobs.de

Online-Stellenmärkte der Zeitungen: Die in den Wochenendausgaben der Tageszeitungen geschalteten Stellenanzeigen finden Sie oft auch im Online-Angebot dieser Zeitungen. Der Vorteil für Sie: Die Anzeigen sind dort länger geschaltet als in den parallel erscheinenden Printausgaben. Sie können also ein größeres Angebot nutzen. Auf Angebote in den Online-Stellenmärkten, die bis zu vier Wochen alt sind, können Sie sich ohne weiteres bewerben. Sind die Online-Anzeigen älter als vier Wochen, empfiehlt sich zunächst ein Anruf bei der Firma, ob es sich noch lohnt, die Bewerbungsunterlagen abzusenden.

Auf der Pirsch

Die Suche im offenen Stellenmarkt nach einer geeigneten Stelle können Sie noch ergänzen: Erschließen Sie sich den verdeckten Stellenmarkt, indem Sie private Kontakte nutzen.

Stellen Sie sich vor, Sie möchten ein Zimmer in Ihrer Wohnung oder Ihrem Haus vermieten. Sie könnten zum einen eine Anzeige schalten und warten, bis sich ein beliebiger Interessent meldet. Oder Sie lassen den Freundeskreis wissen, dass Sie einen Mitbewohner suchen, der zu Ihnen passt. Diese Methode hat den Vorteil, dass Ihre Freunde nur solche Interessenten vorschlagen werden, von denen sie meinen, dass sie auch zu Ihnen passen. **Ein Perspektivenwechsel hilft Ihnen**

Auch Personalverantwortliche lassen sich gern geeignete Bewerberinnen und Bewerber empfehlen. Gehen Sie in Gedanken durch, welche Ex-Kollegen, Freunde, Bekannte oder Verwandte Sie ansprechen können. Denken Sie auch an Ihre Kontakte aus ehrenamtlichen Tätigkeiten und aus Freizeitbeschäftigungen. Bitten Sie Ihre Kontaktpersonen Augen und Ohren offen zu halten und Ihnen mitzuteilen, wenn in deren Firmen Einstellungsbedarf an Mitarbeitern mit Ihrem Profil besteht.

Diese Art der Kontaktaufnahme zu neuen Arbeitgebern ist dann besonders interessant, wenn Sie den Stellenwechsel mittelfristig planen. Informieren Sie Ihre Bekannten rechtzeitig über Ihren Wunsch, den Arbeitsplatz zu wechseln. Teilen Sie ihnen auch mit, welche Stellen Sie genau interessieren. **Lassen Sie sich empfehlen!**

Wenn Sie von Freunden oder Bekannten auf eine freie Stelle aufmerksam gemacht werden, sollten Sie Ihre Chance nutzen. Bereiten Sie Ihre Bewerbung mit einem Telefonanruf bei der

Bringen Sie sich ins Gespräch Ihnen genannten Kontaktperson vor. So bleibt der persönliche Charakter der Kontaktaufnahme erhalten und Sie können sich besser über die Anforderungen der Stelle informieren. Viele Stellenwechsler haben auf diese Weise einen neuen Arbeitgeber gefunden.

Das Abenteuer startet: geeignete Orte für den Flirt

Im Blick

- Bei der Suche nach einem neuen Arbeitgeber können Sie sowohl den offenen als auch den verdeckten Stellenmarkt nutzen.
- Arbeiten Sie den Anzeigenteil in Zeitungen und Fachmagazinen durch.
- Der Stellen-Informations-Service (SIS) des Arbeitsamtes enthält zahlreiche Stellenangebote.
- Das Stellenangebot im Internet ist vielfältig. Sie können sich direkt über die Homepages der Unternehmen informieren, auf Jobbörsen zugreifen und die Online-Stellenmärkte von Zeitungen und Zeitschriften auswerten.
- Nutzen Sie Ihr persönliches Netzwerk. Freunde, Bekannte, ehemalige Kollegen und Vorgesetzte können Ihnen Informationen über ausgeschriebene Stellen liefern.

7

Erstes Liebesgeflüster am Telefon

Viele Unternehmen bieten Ihnen die Möglichkeit, telefonisch Kontakt zur Personalabteilung aufzunehmen. Die Chance zu solch einem persönlichen Gespräch sollten Sie sich nicht entgehen lassen. Bereiten Sie Ihren Anruf aber sorgfältig vor, damit Sie einen guten ersten Eindruck hinterlassen.

In vielen Stellenanzeigen wird auf die Möglichkeit hingewiesen, offene Fragen noch vor dem Abschicken der Bewerbungsunterlagen durch einen kurzen Anruf bei der Firma zu klären. Der Griff zum Telefon unterbleibt jedoch meistens, da viele Bewerber nicht wissen, was sie in einem solchen Gespräch erwartet. Hinzu kommt die Angst, man könnte sich durch unbedachte Äußerungen selbst aus dem Rennen katapultieren. Damit Sie gar nicht erst in die Gefahr geraten, sich zu blamieren, sollten Sie Ihren Anruf gut vorbereiten.

Bewerber, die ungeschickt vorgehen und den Eindruck erwecken, dem Personalverantwortlichen wertvolle Zeit zu stehlen, haben kaum eine Chance, positive Aufmerksamkeit zu erreichen. Mit einem gut geführten Telefonat dagegen lassen sich wichtige Sympathiepunkte sammeln. Darüber hinaus sichern Sie sich so die Möglichkeit, Ihre Bewerbung an einen Ansprechpartner zu verschicken, der sich bereits einen ersten Eindruck von Ihnen verschaffen konnte. Auf diese Weise verlassen Sie die Anonymität der Bewerbermasse. Sie verschaffen sich Aufmerksamkeit für die weitere Überprüfung Ihrer Eignung bezüglich der ausgeschriebenen Position.

Sympathie-punkte sammeln

Enttäuschungen lassen sich vermeiden

Durch eine erste telefonische Kontaktaufnahme können Sie sich einen Startvorteil im Bewerbungsmarathon erarbeiten. Damit Ihnen das gelingt, sollten Sie einige Punkte beachten.

Versetzen Sie sich einmal in die Lage von Personalverantwortlichen und versuchen Sie, die Dinge aus deren Blickwinkel zu sehen. Die tägliche Arbeit, bestehend aus Personalverwaltung, Urlaubsplanung und Personaleinsatzplanung, nimmt viel Zeit in Anspruch. Wenn eine Stellenanzeige geschaltet wurde, erhöht sich die Belastung noch einmal: Bewerbungen müssen ausgewertet und Vorstellungsgespräche müssen vorbereitet werden. Hinzu kommt der Schriftwechsel mit den Bewerbern. Ein Anruf kann dann durchaus störend empfunden werden. Sie müssen also den Personalverantwortlichen einen plausiblen Grund für Ihren Anruf vermitteln können, damit diese Ihre Fragen gern beantworten.

Lesen Sie die Stellenanzeigen sorgfältig durch

Ungehalten reagieren Personalprofis besonders dann, wenn Bewerber im Telefongespräch den Eindruck erwecken, dass sie die Stellenanzeige gar nicht gelesen haben, sich im Unklaren über ihr eigenes berufliches Profil sind, sich mit nichtssagenden Formulierungen aufdrängen wollen oder die Personalverantwortlichen mit Problemschilderungen über die Zustände am derzeitigen Arbeitsplatz von der Arbeit abhalten. In diesen Fällen können Bewerber nicht mit wohlwollendem Entgegenkommen rechnen. Im Gegenteil: Bewerber, die auf diese Weise vorgehen, werden schnellstmöglich abgewimmelt.

Wut im Bauch

Was passieren kann, wenn ein Sachbearbeiter für Lohn- und Gehaltsabrechnungen unvorbereitet zum Telefon greift, um sich bei einer Firma ins Gespräch zu bringen, zeigt Ihnen unser Beispiel.

Beispiel

Personalverantwortliche: »Maschinen AG, Personalabteilung, Mein Name ist Petra Fürth, was kann ich für Sie tun?«

Bewerber: »Ich suche eine neue Stelle.«

Personalverantwortliche: »Möchten Sie sich auf eine der Stellenausschreibungen, die wir letztes Wochenende in der Westdeutschen Allgemeinen Zeitung veröffentlicht haben, bewerben?«

Bewerber: »Ja.«

Personalverantwortliche: »Sie müssen mir schon ein paar Informationen geben, damit ich Ihren Bewerbungswunsch überhaupt einordnen kann.«

Bewerber: »Also, bei mir ist es ja so, dass ich bestimmt die Kenntnisse mitbringe, die Sie haben wollen. Ich habe schließlich einiges an Erfahrung vorzuweisen. Bei mir in der Firma ist es aber so, dass das Arbeitsklima immer schlechter wird, und deswegen möchte ich wechseln.«

Negativbeispiel

Personalverantwortliche: »Als was arbeiten Sie denn überhaupt?«

Bewerber: »Als Sachbearbeiter in der Lohn- und Gehaltsabrechnung, deswegen passt Ihre Anzeige ja so gut für mich. Bevor ich bei Ihnen anfange, möchte ich aber wissen, wie es bei Ihnen mit der Weiterbildung aussieht. In meiner Firma findet nämlich nichts an Weiterbildung statt. Da werden wir Mitarbeiter klein gehalten, damit man uns in der Hand hat.«

Personalverantwortliche: »Ihre Weiterbildung ist für uns ein wichtiger Baustein des Unternehmenserfolges. Was haben Sie denn bisher in der Richtung unternommen?«

Bewerber: »Nichts, meine Firma macht mir ja keine Angebote. Jetzt haben sie mir auch noch einen neuen Chef vor die Nase gesetzt, der kommt frisch von der Hochschule, will sich aber keine praktischen Tipps geben lassen. Der wird schon noch sehen, was er davon hat.«

Personalverantwortliche: »Ich glaube, Sie sind momentan etwas aufgewühlt. Beruhigen Sie sich doch erst einmal. Wenn Sie möchten, können Sie uns Ihre Bewerbungsunterlagen zuschicken.«

Bewerber: »Lohnt sich das für mich überhaupt? Ich möchte nämlich nicht unnötig Zeit und Geld verschwenden.«

Personalverantwortliche: »Das müssen Sie schon selbst entscheiden. Oh, hier kommt gerade ein Gespräch auf der zweiten Leitung herein. Ich denke, wir sind auch durch mit dem Gespräch.«

Bewerber: »Wiederhören.«

Der Bewerber aus dem Negativbeispiel startet das Telefongespräch mit einer Nullaussage. Sein Einstiegssatz »Ich suche eine neue Stelle« verheißt nichts Gutes. Der Personalverantwortlichen schwant schon in diesem Moment, dass sie es mit einem schlecht vorbereiteten Durchschnittskandidaten zu tun hat. Dennoch gibt sie dem Anrufer eine zweite Chance und weist ihn auf die vom Unternehmen geschalteten Stellenausschreibungen hin. Nach dem knappen »Ja« des Bewerbers ist immer noch nicht mehr klar geworden, als dass dieser eine neue Stelle sucht und sich bewerben möchte. Um welchen Bereich und um welche Stelle es geht, ist ebenso unklar wie das Profil des Bewerbers.

Nullaussagen führen ins Aus

An dieser Stelle des Telefonats wird die Personalverantwortliche leicht ungehalten und fordert Informationen ein. Doch statt sein Profil deutlich zu machen, auf besondere Erfahrungen zu verweisen oder geeignete Fragen zu stellen, operiert der Bewerber lediglich mit leeren Floskeln. Er gibt weder seinen Namen noch seine momentane Tätigkeit preis und überlässt es der Personalverantwortlichen, ihm die Informationen aus der Nase zu ziehen.

Anstatt auf das Anforderungsprofil der Anzeige einzugehen und erste Belege für seine Eignung zu geben, steigt der Anrufer jetzt in die Arbeitgeberschelte ein. Seine Klage, dass ihm geeignete Weiterbildungsmaßnahmen fehlen, wendet sich gegen ihn. Die Frage, warum er sich nicht selbst um seine Weiterqualifizierung gekümmert hat, kann er nicht überzeugend beantworten. Die Verantwortung für Fehlentwicklungen schiebt er seiner Firma und seinem Vorgesetzten zu.

Die Leitung wird gekappt

Da die Personalverantwortliche nun endgültig bestätigt bekommen hat, dass es dem Bewerber gar nicht um einen Informationsaustausch geht, sondern nur um einseitige Vorwürfe und Schuldzuweisungen, sieht sie keinen Grund mehr das Gespräch fortzuführen. Das Angebot, die Bewerbungsunterlagen zuzuschicken, ist eher als Aufforderung zu verstehen, endlich die Leitung freizugeben.

Der Bewerber bleibt stur und verlangt sogar noch eine Garantie dafür, dass seine Bewerbung Erfolg haben wird. Daraufhin bricht die Personalverantwortliche das Gespräch ab.

Damit Sie mit Ihren Anrufen keinen Schiffbruch erleiden, zeigen wir Ihnen, wie sich ein Telefonat effektiver führen lässt. Diesmal hat sich der Bewerber gründlich vorbereitet. Er hat ein Kurzprofil für Anrufe erarbeitet, hat sich Fragen überlegt und sich das Ziel gesetzt, einen persönlichen Ansprechpartner für seine Bewerbung zu finden.

Führen Sie effektive Telefongespräche

Der Sympathiefaktor am Telefon

Beispiel

Personalverantwortliche: »Maschinen AG, Personalabteilung, Mein Name ist Petra Fürth, was kann ich für Sie tun?«

Bewerber: »Guten Tag Frau Fürth, mein Name ist Klaus Schlichting, ich habe einige kurze Fragen zu Ihrer Stellenausschreibung Sachbearbeiter, Lohn- und Gehaltsabrechnung, die ich in der Wochenendausgabe der WAZ gefunden habe.«

Personalverantwortliche: »Wie kann ich Ihnen weiterhelfen, Herr Schlichting?«

Bewerber: »Wie von Ihnen gewünscht, bringe ich umfangreiches Fachwissen im Arbeits- und Tarifrecht sowie im Steuer- und Sozialversicherungsrecht mit. Die Lohn- und Gehaltsabrechnung gehört ebenfalls zu meinen beruflichen Aufgaben. In der Anzeige stand, dass Sie ein Dialogabrechnungssystem einsetzen, handelt es sich dabei um SAP?«

Personalverantwortliche: »Das ist richtig, Herr Schlichting, wir arbeiten mit SAP. Ein Bewerber sollte aber auch das MS-Office-Paket sicher beherrschen. Insbesondere denken wir dabei an gute WinWord- und Excel-Kenntnisse.«

Bewerber: »Diese Kenntnisse bringe ich mit. Von mir erarbeitete WinWord- und Excel-Vorlagen stelle ich auch ins Intranet, damit die Mitarbeiter in Steuer- und Gehaltsfragen stets auf dem Laufenden sind. So habe ich erst neulich Tipps zur privaten Altersvorsorge aufbereitet.«

Personalverantwortliche: »Ihr Profil hört sich für mich interessant an. Warum wollen Sie denn Ihre Stelle wechseln?«

Bewerber: »Mich reizt es, noch stärker als bisher im Team zu arbeiten. Auch der Wechsel zu einem größeren Unternehmen ist für mich attraktiv. Die Maschinen AG ist viermal so groß wie mein jetziges Unternehmen. Daraus dürften sich neue, interessante Aufgabenstellungen für mich ergeben.«

Positiv-
beispiel

Personalverantwortliche: »Der Teamgedanke ist für uns besonders wichtig. Die Verwaltung von über 2 000 Mitarbeitern kann nicht von Einzelkämpfern bewältigt werden. Schicken Sie mir doch Ihre Bewerbungsunterlagen.«

Bewerber: »Darf ich die Bewerbung direkt an Sie schicken, Frau Fürth?«

Personalverantwortliche: »Gern, verweisen Sie bitte in Ihrem Anschreiben auf unser Telefongespräch.«

Bewerber: »Das mache ich, Sie werden meine Bewerbung in den nächsten Tagen erhalten. Mein Name ist Klaus Schlichting. Vielen Dank für Ihre Auskünfte. Auf Wiederhören, Frau Fürth.«

Personalverantwortliche: »Auf Wiederhören, Herr Schlichting.«

In unserem Positivbeispiel nimmt der Bewerber, Herr Schlichting, von Anfang an die richtigen Weichenstellungen vor. Er benennt präzise die Stelle, die ihn interessiert und nutzt den direkten Kontakt zur Personalabteilung, um sein individuelles Profil ins Gespräch zu bringen. Bevor Herr Schlichting seine Frage stellt, gibt er Informationen über seine Berufserfahrung. Er hebt Fähigkeiten und Kenntnisse hervor, die in der Anzeige gesucht wurden. So schafft er es, der Personalverantwortlichen zu vermitteln, dass es sich lohnt, sich mit ihm intensiver zu beschäftigen.

Das Interesse wird vertieft

In ihrer Antwort geht die Personalverantwortliche nicht nur auf die Frage des Bewerbers ein, sondern gibt ihm zusätzliche Informationen, die so nicht aus der Anzeige herauszulesen waren. Diese Gelegenheit nutzt Herr Schlichting, um das Interesse an seinem Profil zu vertiefen. Er führt ein Beispiel aus seiner Berufspraxis an, in dem er die im Telefongespräch eingeforderten Zusatzkenntnisse eingesetzt hat.

Die Strategie des Bewerbers, sich auf die Wünsche des Unternehmens zu konzentrieren, trägt erste Früchte, als die Personalverantwortliche ihm mitteilt: »Ihr Profil hört sich für mich interessant an.« Die anschließende Frage »Warum wollen Sie denn Ihre Stelle wechseln?« beantwortet Herr Schlichting ebenfalls souverän. Er bleibt bei seiner zukunftsorientierten Strategie. Probleme an seinem momentanen Arbeitsplatz behält er für sich. Stattdessen betont er sein Interesse an neuen Aufgabenstellungen. Indem er auf die Firmengröße verweist, teilt er geschickt zwischen den Zeilen mit, dass er sich informiert hat.

Souveränität ist Trumpf

Seine gründliche Vorarbeit wird belohnt. Die Personalverantwortliche fordert Herrn Schlichting auf, die Bewerbungsunterlagen mit einem Vermerk über das Telefongespräch zu versehen und zu ihren Händen zu schicken.

Sie sehen, dass Sie als Bewerber durchaus ein offenes Ohr bei Personalverantwortlichen finden können. Gewöhnen Sie sich einen informativen, auf die Bedürfnisse der Firmen zugeschnittenen Gesprächsstil an. Dann werden auch Sie in Ihren Telefonaten überzeugen. Achten Sie darauf, dass Sie genügend Hintergrundinformationen über Ihr berufliches Profil liefern. Gehen Sie auf die Anforderungen ein, die in den jeweiligen Stellenanzeigen genannt werden. Stellen Sie Fragen, deren Beantwortung Ihnen einen Informationsvorteil im Bewerbungsverfahren verschafft. Und steigen Sie auf keinen Fall in Kritik an Ihrem derzeitigen Arbeitgeber ein!

Jetzt wird es ernst!

Es wäre ungünstig, wenn Sie erst in den laufenden Telefongesprächen mit potenziellen neuen Arbeitgebern nach den richtigen Worten suchen müssten, um sich in Szene zu setzen. Wir haben einige Übungen für Sie vorbereitet, die Ihnen dabei helfen werden, den richtigen Input für das Telefongespräch zu finden.

Übung macht den Meister!

Im Kapitel »Vorbereitung auf den Flirt: Wie präsentieren Sie Ihre Stärken?« haben wir Ihnen die Bestandteile Ihrer beruflichen Qualifikation – Ihre fachlichen Kenntnisse und Ihre Soft Skills – vorgestellt. Sie haben darüber hinaus erfahren, dass Sie bei Personalverantwortlichen am besten Punkte machen können, wenn Sie auf unnötige Bewertungen bei der Darstellung Ihrer Fachkenntnisse und Soft Skills verzichten. An dieses Wissen werden wir nun anknüpfen.

Auch im Telefongespräch müssen Sie Ihre fachlichen und persönlichen Stärken herausstellen, ohne Widerstände bei Ihrem Gesprächspartner auszulösen. Sammeln Sie Sympathiepunkte, indem Sie Ihr Profil aussagekräftig beschreiben und dabei auf Bewertungen verzichten. Als Besonderheit für das Telefongespräch kommt hinzu, dass Sie auf die Wünsche der Firma eingehen müssen. Ihr Vorteil: Sie haben bereits eine Stellenausschreibung vorliegen. Nun müssen Sie nur noch darauf hinarbeiten, diejenigen Stärken herauszustellen, die es Ihnen ermöglichen, die Anforderungen aus der Stellenanzeige zu bewältigen.

Versiert im Im- und Export

Beispiele

In einer Stellenanzeige hat eine Speditionskauffrau dieses Anforderungsprofil gelesen: »Wir suchen eine erfahrene Kraft, die Wissen um die Im- und Exportabwicklung mitbringt und über gute Englischkenntnisse verfügt.«

Für ein Telefongespräch mit der Personalabteilung hat sie sich mit Blick auf die Stellenanzeige diese Formulierungen überlegt: »In die Position könnte ich umfassende Erfahrungen in der Anbahnung und Abwicklung von Land- und Seetransporten einbringen. Die Zollabwicklung im Im- und Export ist mir vertraut. Mein Englisch ist sehr gut, sodass ich auch internationale Aufträge betreuen kann.«

Die Aufträge im Griff

Die Stellenausschreibung, die ein Auftragssachbearbeiter interessant fand, enthielt diese Forderung: »Wir setzen Erfahrungen in der EDV-Archivierung und kundenorientiertes Arbeiten voraus, wenn Sie sich bei uns bewerben möchten.« Beispiel 2

Im Telefongespräch könnte sich der Auftragssachbearbeiter so präsentieren, um Aufmerksamkeit zu erzielen: »Ich bin auch momentan bereits als Auftragssachbearbeiter tätig. Neben der Eingabe der Angebote und Aufträge in die EDV bearbeite ich die Bereiche Datenabgleich und Storno. In Abstimmung mit den Kunden setze ich auch Auftragskorrekturen um.«

Üben Sie sich in der Kunst der kundenorientierten Kommunikation: Für Ihr Telefongespräch mit Personalverantwortlichen bedeutet dies, dass Sie auf die Wünsche der Firma eingehen müssen. Je besser Sie die in der Stellenanzeige genannten Erwartungen erfüllen, desto größer wird die Bereitschaft sein, sich mit Ihnen auseinander zu setzen.

Eine wichtige Frage, die sich Stellenwechslern an dieser Stelle aufdrängt, lautet: »Wann darf ich behaupten, dass mir die neuen Aufgaben oder Teile davon wirklich vertraut sind?« Bewerber sind oft unsicher, wie weit sie gehen können, ohne zu hohe Erwartungen zu wecken. Es bringt natürlich nichts, wenn **Präsentieren** Sie Stärken herausstellen, über die Sie nicht verfügen. Für den **Sie sich** späteren Berufsalltag wäre nicht viel gewonnen, wenn Sie die **realistisch** Aufgaben, die Sie am neuen Arbeitsplatz erwarten, nicht lösen können. Aus unserer Erfahrung wecken aber nur die wenigsten Bewerber unrealistische Erwartungen. Die meisten verkaufen sich unter Wert.

Bei der Abwägung, ob Sie bestimmte Behauptungen aufstellen dürfen, sollten Sie ehrlich zu sich selbst sein: »Kann ich im Vorstellungsgespräch ein Beispiel dafür geben, dass ich in der Berufspraxis bereits mit der Anforderung aus der Stellenanzeige in Berührung gekommen bin?« Wenn Sie, bezogen auf die jeweilige Anforderung, diese Frage mit »Ja« beantworten können, brauchen Sie sich im Telefongespräch nicht unnötig zurückzuhalten. Ihr Ziel ist es schließlich, Interesse zu erwecken, damit man Ihnen zuhört. Denken Sie deshalb nicht nur an Routineaufgaben, die Sie übernommen haben, sondern auch an Ihre Projektteilnahmen, an Sonderaufgaben, an Urlaubsvertretungen und an früher ausgeübte Tätigkeiten. So haben Sie einen viel größeren Spielraum zur Verfügung und können sich als passgenauer Bewerber präsentieren.

Trainieren Sie bereits am Telefon, aus der Perspektive des neuen Arbeitgebers heraus zu argumentieren. Unsere Übung »Ihr Gesprächseinstieg« bereitet Sie darauf vor.

Ihr Gesprächseinstieg

Übung

Für Ihren Einstieg in das Gespräch sollten Sie die Anforderungen aus der Stellenanzeige aufgreifen. Wählen Sie drei bis vier Anforderungen aus, die Ihren zukünftigen Tätigkeitsbereich charakterisieren. Versuchen Sie dann, diese Anforderungen in zwei bis drei Sätzen unterzubringen. So machen Sie deutlich, dass Sie wissen, worauf es bei der ausgeschriebenen Stelle ankommt.

Anforderung 1: . . . .
Anforderung 2: . . . .
Anforderung 3: . . . .
Anforderung 4: . . . .

Ihre Einstiegssätze: . . . .
. . . .
. . . .
. . . .

Die optimale Frage zu Beginn eines Telefonats fällt nicht vom Himmel. Doch mit etwas Vorbereitung werden Sie die richtigen Worte finden. Außerdem sollten Sie nicht die Gelegenheit verpassen, sich zusätzliche Informationen aus erster Hand zu beschaffen. Nach einem gelungenen Einstieg in das Gespräch wird bei Ihrem Gesprächspartner durchaus die Bereitschaft vorhanden sein, Ihnen Hinweise für Ihre Bewerbung zu geben. Bereiten Sie also geeignete Fragen vor. Unsere Übung »Mit Fragen das Gespräch vertiefen« zeigt Ihnen, wie Sie dabei vorgehen können.

Verschaffen Sie sich zusätzliche Informationen

Mit Fragen das Gespräch vertiefen

Übung

Sie sollten sich vor Ihrem Anruf zwei Fragen überlegen, mit denen Sie das Gespräch in Gang halten können. Gezielte Fragen werden Ihnen dabei helfen, das Telefonat ergiebig zu gestalten. Jede Information, die man Ihnen zusätzlich gibt, verschafft Ihnen einen Vorteil im Bewerbungsverfahren. Nehmen Sie eine für Sie interessante Stellenausschreibung zur Hand und formulieren Sie zwei geeignete Fragen. Orientieren Sie sich an den folgenden Beispielen.

- »In welchem zeitlichen Verhältnis stehen verkaufsbezogene und verwaltende Aufgaben (oder: Projektaufgaben zu Routinetätigkeiten, oder: Dienstreisen zur Anwesenheit in der Firma)?«
- »Wie wichtig ist die Branchenerfahrung?«
- »Sind meine Erfahrungen in . . . . für die ausgeschriebene Position wichtig?«
- »Gibt es, außer den in der Stellenausschreibung genannten, noch andere offene Stellen?«
- »Welche Zusatzqualifikationen können mir einen Pluspunkt verschaffen?«

- »Welche Karrierewege stehen mir bei Ihnen offen?«
- »Wird der Teamgedanke groß geschrieben?«

Ihre erste Frage: . . . .

. . . .

Ihre zweite Frage: . . . .

. . . .

Bleiben Sie bei Telefonkontakten zu potenziellen Arbeitgebern bis zum Ende souverän. Stellen Sie im Verlauf des Gespräches fest, dass die ausgeschriebene Stelle nicht zu Ihrem Profil passt, bedanken Sie sich dennoch für die Zeit, die man sich für Sie genommen hat. Haben Sie den Eindruck gewonnen, dass sich eine Bewerbung für Sie lohnt, sollten Sie die Chance ergreifen.

Suchen Sie den persönlichen Kontakt Beenden Sie das Gespräch professionell: Lassen Sie sich im Zweifelsfall den Namen Ihres Ansprechpartners buchstabieren. Nennen Sie noch einmal Ihren Namen, damit er dem Personalverantwortlichen in Erinnerung bleibt. Fragen Sie nach der gewünschten Bewerbungsform, falls diese nicht ausdrücklich in der Stellenanzeige genannt ist. Für E-Mail-Kontakte sollten Sie sich die persönliche E-Mail-Adresse geben lassen. Sie können auch die Durchwahl des Personalverantwortlichen erfragen. So lassen Sie erkennen, dass Sie Wert auf den weiteren Kontakt zum Unternehmen legen. Während des Bewerbungsverfahrens haben Sie dann einen Ansprechpartner, der Ihnen bei möglichen Fragen weiterhelfen kann.

Damit die Erinnerung an Sie nicht verblasst, sollten Sie sich nicht zu viel Zeit mit dem Abschicken der Bewerbungsunterlagen lassen. Ein paar Tage nach dem Telefongespräch sollte Ihre Bewerbung auf dem Schreibtisch des Personalverantwortlichen eintreffen.

Erstes Liebesgeflüster am Telefon

- Greifen Sie zum Telefon, um Ihre Bewerbung vorzubereiten.
- Mit einem gut geführten Telefonat lassen sich wichtige Sympathiepunkte sammeln.
- Werden Sie sich vor einem Telefonat über die Anforderungen klar, die die Firma an Bewerber stellt. Schlecht informierte Bewerber werden abgewimmelt.
- Sorgen Sie dafür, dass das Telefongespräch in Gang kommt. Liefern Sie ein Kurzprofil Ihrer Qualifikation.
- Heben Sie die Erfahrungen hervor, die einen Bezug zu den Anforderungen in der Stellenausschreibung haben.
- Verzichten Sie auf Kritik am derzeitigen Arbeitsplatz oder Arbeitgeber. Gehen Sie lieber auf die zu vergebende Position und die neuen beruflichen Herausforderungen ein.
- Stellen Sie die richtigen Fragen. Personalverantwortliche reagieren unwirsch, wenn sie Dinge gefragt werden, die in der Stellenausschreibung bereits beantwortet worden sind.
- Erarbeiten Sie sich einen Informationsvorsprung vor anderen Bewerbern, indem Sie Zusatzinformationen erfragen, die sich nicht einfach aus der Stellenausschreibung herauslesen lassen.
- Wenn Sie Ihre Bewerbungsunterlagen der Firma zuschicken, sollten Sie auf das vorab geführte Telefonat Bezug nehmen. Adressieren Sie Ihre Bewerbung direkt an Ihren Gesprächspartner.

8

Anschreiben und Lebenslauf: mit Worten ins Herz hinein

Ihre schriftlichen Bewerbungsunterlagen sind die ersten Arbeitsproben, die Sie für den neuen Arbeitgeber anfertigen. Wirkt Ihr Anschreiben oberflächlich und Ihr Lebenslauf störend unstrukturiert, werden Sie wohl kaum die Chance erhalten, sich in einem Vorstellungsgespräch von einer besseren Seite zu zeigen. Wir erläutern Ihnen in diesem Kapitel, wie Sie mit Ihrer Bewerbungsmappe den Weg ins Herz der Personalverantwortlichen finden.

Die Klagen der Personalverantwortlichen über mangelhaft ausgearbeitete Bewerbungsunterlagen sind vielfältig. Die Anschreiben sind ihnen meist zu allgemein gehalten und es fehlt ihnen **Standard-** an Inhalt. Sehr viele Stellenwechsler liefern nur Standardan-**texte bringen** schreiben ab, die weder einen Bezug zur ausgeschriebenen Stelle **Sie nicht** aufweisen, noch die besonderen Stärken und Eigenschaften des **weiter** Bewerbers deutlich werden lassen. Bei den Lebensläufen sieht es nicht viel besser aus: Überflüssige Angaben stören die Informationsvermittlung und die meist unstrukturierte Nacherzählung des Lebensweges lässt keinen roten Faden der beruflichen Entwicklung erkennen.

Aus unserer Beratungspraxis wissen wir jedoch, dass die meisten Bewerberinnen und Bewerber viel mehr zu bieten haben, als aus ihren Unterlagen ersichtlich wird. Das liegt häufig daran, dass die Stellenwechsler nicht wissen, wie sie sich im Anschreiben präsentieren müssen und welche Daten im Lebenslauf unverzichtbar, welche überflüssig und ersteinmal nebensächlich sind.

Das Anschreiben ist deswegen so wichtig, weil es den Ausschlag darüber gibt, ob die restliche Bewerbungsmappe überhaupt intensiver begutachtet wird. Überzeugt das Anschreiben nicht, kann das Bewerbungsverfahren zu einem sehr frühen Zeitpunkt beendet sein. Ein gutes Anschreiben dagegen ermöglicht Personalverantwortlichen den Abgleich des Bewerberprofils mit dem Stellenprofil.

Der Lebenslauf dient einer übersichtlichen Vermittlung der Angaben zu Ihrer Person und der beruflichen Entwicklung. Er unterstützt das Anschreiben. Ein Lebenslauf sollte folgende Angaben beinhalten: Hintergrundinformationen zu Ihrer Person, zu Ihren bisherigen beruflichen Tätigkeiten und zu Ihrer beruflichen Entwicklung. Im Idealfall ergänzen sich das Anschreiben und der Lebenslauf, sodass sie sich in ihrer Wirkung verstärken: Mit dem Anschreiben machen Sie Personalverantwortliche neugierig, mit dem Lebenslauf lassen Sie aus erster Neugier echtes Interesse erwachsen.

Hintergrundinformationen in den Lebenslauf

Die typischen Fehler, die Stellenwechslern beim Ausarbeiten der Bewerbungsmappe unterlaufen, können Sie vermeiden. Wir zeigen Ihnen anhand von Beispielen, was bei der schriftlichen Bewerbung schief laufen kann und wie Sie es besser machen können.

Vergebliche Liebesmüh

Die Ausarbeitung von Anschreiben und Lebenslauf fängt stets mit dem Lesen der Stellenanzeige an. Ohne eine gründliche Analyse der Anforderungen schreiben Sie an den Wünschen der Firma vorbei. So ist es auch unserem Bewerber, Herrn Schnell, ergangen. Die folgende Stellenanzeige hat er nur flüchtig gelesen. Die Aussagekraft seines Anschreibens und seines Lebenslaufes ist dementsprechend gering.

Lesen Sie Stellenanzeigen gründlich durch

Hasso Schnell
Westring 245 b
34455 Köln

Sensorix GmbH
Personalabteilung
Rennbahn 115
34567 Köln

Köln, 14.02.2003

Bewerbung

Sehr geehrte Damen und Herren,

ich interessiere mich sehr für die von Ihnen ausgeschriebene Stelle. Momentan bin ich auf der Suche nach einer neuen Herausforderung. Ich bringe vielfältige Erfahrungen mit, die für Sie sicherlich interessant sind.

Aus verschiedenen Gründen möchte ich meinen derzeitigen Arbeitsplatz verlassen. Daher könnte ich Ihnen sofort zur Verfügung stehen. Die Kündigungsgründe liegen nicht in meiner Person begründet, auch habe ich stets gute Leistungen erbracht und bin mit Vorgesetzten und Kollegen immer gut ausgekommen.

Wie von Ihnen gewünscht, bin ich aufmerksam, arbeite sehr analytisch und besitze großes Organisationstalent.

Sie werden es sicherlich nicht bereuen, mich zu einem Gespräch einzuladen. Über das von mir gewünschte Gehalt werden wir sicherlich Einigkeit erzielen können.

Ich sehe Ihrer Antwort hoffnungsvoll entgegen.

MfG

Hasso Schnell

Negativbeispiel

Dem professionellen Leser in der Personalabteilung stechen sofort formale Fehler im Anschreiben von Herrn Schnell ins

Konzentrieren Sie sich auf Formalia Auge. In seiner Anschrift gibt Herr Schnell nicht die korrekte Firmenbezeichnung an. Statt die »Sensorix GmbH & Co. KG« anzuschreiben kürzt er den Namen: Er schreibt die »Sensorix GmbH« an. Die korrekte Rechtsform des neuen Arbeitgebers ist vom Bewerber nicht wahrgenommen worden. Dies ist für Personalverantwortliche ein erster Hinweis auf eine eher unkonzentrierte Arbeitsweise.

Den Eindruck bestätigt Herr Schnell leider, indem er nicht wie in der Anzeige ausgewiesen den »Bereich Personal«, sondern die »Personalabteilung« als Empfänger angibt. In der Betreffzeile des Anschreibens steht nur das Wort »Bewerbung«, nicht jedoch die korrekte Angabe »Bewerbung als Assistent Vertrieb und Marketing«. Bei einer solchen Bewerbung drängt sich der Eindruck auf, dass es sich um eine Standardbewerbung handelt, die mit heißer Nadel gestrickt und in alle Winde verstreut wurde.

Ein Blick auf den Absender zeigt, dass Herr Schnell keine Telefonnummer angegeben hat. Dies lässt vermuten, dass er keinen besonderen Wert darauf zu legen scheint, in direkten Kontakt mit dem Unternehmen zu treten.

Die Anrede »Sehr geehrte Damen und Herren« ist unpersönlich und verrät, dass der Bewerber eine vorherige Kontakt-

Vermeiden Sie den Serienbriefcharakter anbahnung, beispielsweise per Telefon, gescheut hat. Die in geschäftlicher Korrespondenz übliche Schlussformel »Mit freundlichen Grüßen« kürzt Herr Schnell mit »MfG« ab. Damit verletzt er die Gebote der Höflichkeit und bestätigt noch einmal den Serienbriefcharakter seines Anschreibens.

Bis zu diesem Prüfungszeitpunkt ging es noch nicht um den Inhalt, sondern nur um die formalen Fehler des Anschreibens. Diese sechs Fehler (!) weisen darauf hin, dass Herr Schnell auch bei seiner eigentlichen Arbeit Sorgfalt und Mühe vermissen lässt. Die Nachlässigkeit, mit der das Anschreiben in formaler Hinsicht angefertigt wurde, lässt nicht erkennen, dass ihm die neue Stelle am Herzen liegt. Prüfen wir unter diesem Aspekt das Anschreiben nun inhaltlich.

Den Eröffnungsabsatz im Anschreiben formuliert Herr Schnell viel zu vage. Sätze wie: »Ich interessiere mich sehr für die von Ihnen ausgeschriebene Stelle. Momentan bin ich auf der Suche nach einer neuen Herausforderung. Ich bringe vielfältige Erfahrungen mit ...«, sind Nullaussagen. Sie können für jede beliebige Bewerbung verwandt werden und besitzen keinen konkreten Informationsgehalt. **Verwenden Sie aussagekräftige Formulierungen**

Im zweiten Absatz verstrickt sich Herr Schnell in Widersprüche über die tatsächlichen Gründe für seinen Wunsch zu wechseln. Statt auf sein Profil einzugehen, rückt er indirekt Schwierigkeiten am derzeitigen Arbeitsplatz in den Mittelpunkt. Trotz seiner Behauptung »Die Kündigungsgründe liegen nicht in meiner Person begründet« drängt sich die gegenteilige Annahme beim Leser geradezu auf. Solche Aussagen wecken schlafende Hunde. Spätestens zu diesem Zeitpunkt erscheint der Bewerber dem Personalverantwortlichen als ungeeignet. Daran kann auch Herrn Schnells Selbstbeschreibung »... [ich habe] stets gute Leistungen erbracht und bin mit Vorgesetzten und Kollegen immer gut ausgekommen« nichts mehr ändern. Im Gegenteil: Sie ist wenig überzeugend und wirkt eher wie eine Verschleierungstaktik, die bestehende Probleme aus dem Blickfeld rücken soll.

Welche Kenntnisse und Fähigkeiten der Bewerber tatsächlich hat, wird auch aus dem dritten Absatz nicht ersichtlich. Seine Soft Skills beschreibt Herr Schnell mit den allgemein üblichen Floskeln: »... [ich bin] aufmerksam, arbeite sehr analytisch und besitze großes Organisationstalent.« Anschauliche Beispiele aus seiner Berufspraxis, die diese Behauptungen belegen könnten, gibt er nicht. **Widersprüche werden deutlich**

Auch am Ende seines Anschreibens verzichtet Herr Schnell auf eine argumentative Auseinandersetzung mit den Anforderungen des neuen Arbeitgebers. Stattdessen greift er auf die besserwisserische Formulierung zurück: »Sie werden es sicherlich nicht bereuen, mich zu einem Gespräch einzuladen.« Versucht er mit diesem hochtrabenden Satz das Steuer in letzter Sekunde noch herumzureißen, verlässt ihn kurz darauf wieder der Mut. Beim Gehaltswunsch signalisiert er großzügiges Entgegenkommen. Mit der demutsvollen Abschlussformulierung »Ich sehe Ihrer Antwort hoffnungsvoll entgegen.« beschwört Herr Schnell lediglich das Schicksal. Etwas anderes als auf ein Wunder zu hoffen, bleibt ihm bei dieser Qualität seines Anschreibens auch nicht übrig.

Das Anschreiben muss Interesse wecken

Die wenigsten Personalverantwortlichen würden sich in diesem Fall die Mühe machen, mehr als das Anschreiben zu lesen. In unserem Beispiel wird Herrn Schnell jedoch eine zweite Chance gegeben. Sein Lebenslauf wird kritisch ins Visier genommen.

Hasso Schnell
Geb. am 10.08.1975 in Dortmund
Eltern: Harald Schnell (Elektroinstallateur) und Klara Schnell, geb. Waltershausen (Hausfrau)

Lebenslauf

Misslungener Lebenslauf

Schule
1981 – 1985   Grundschule Dortmund West
1985 – 1986   Realschule Dortmund West
1986 – 1992   Realschule Köln Nord
1992 – 1994   Berufliche Schule für Wirtschaft, Köln

Ausbildung
1994 – 1997   Ausbildung zum Industriekaufmann bei der Fa. Produkt AG

Beruf
1997   Industriekaufmann bei der Fa. Produkt AG
1998 – 2002   Fa. Serrex, Tätigkeiten im Einkauf, Vertrieb
              und Marketing
2002 – 2003   Fa. Spiess, Marketingassistent

Hobbys
Fußball spielen, Motorrad fahren, Geschichtsbücher lesen

Schon die ersten Angaben im Lebenslauf von Herrn Schnell bestätigen, dass er sich auch beim Schreiben seines Lebenslaufes nicht die nötigen Gedanken gemacht hat. Die Nennung der Eltern etwa macht den Eindruck, als hätte ein Schulabgänger auf der Suche nach einem Ausbildungsplatz diesen Lebenslauf verfasst.

Immerhin hat Herr Schnell seinen Lebenslauf in Themenblöcke untergliedert. Diese Strukturierung nutzt er jedoch nicht dazu, wichtige Informationen herauszustellen. Er liefert eine konventionelle Nacherzählung seines Werdeganges, die nur von den Überschriften »Schule«, »Ausbildung«, »Beruf« und »Hobbys« unterbrochen wird. **In der Konvention gefangen**

Herr Schnell verschenkt außerdem wertvollen Platz. Dass der Bewerber die Grundschule besucht hat, ist selbstverständlich und bedarf daher keiner besonderen Erwähnung in einem Lebenslauf. Und statt den Wechsel in der Realschulzeit in den Vordergrund zu rücken, hätte er lieber den zuletzt erworbenen Abschluss – in seinem Fall die Fachhochschulreife – aufführen sollen.

Bei der Angabe der Verweilzeiten gibt Herr Schnell durchgängig nur Jahreszahlen an. Das ist problematisch: Es könnte schließlich sein, dass der Bewerber mit dieser Taktik Ausfallzeiten und Lücken verschleiern will. Vielleicht ist er nach seiner

Ausbildung nur zwei weitere Monate für seine Ausbildungs-
firma als Industriekaufmann tätig gewesen und hat erst Ende
1998 seine Stelle bei der »Firma Serrex« angetreten. Das Glei-
che gilt für seinen Wechsel von der »Firma Serrex« hin zur
»Firma Spiess«. Es könnte sein, dass zwischen dem Ende der einen Beschäftigung und dem Antritt der aktuellen Tätigkeit bis
zu einem Jahr Arbeitslosigkeit liegt.

Herr Schnell verwendet durchgängig unkorrekte Firmenbe-
zeichnungen: Bei der Angabe der Rechtsform (AG, GmbH, KG)
entfällt der Zusatz »Fa.«. Diesen Fehler macht Herr Schnell bei
der Nennung seines Lehrbetriebes, den er unzutreffend als »Fa.
Produkt AG« angibt. Richtig wäre hier »Produkt AG« gewesen.
Bei seinen beiden anderen Arbeitgebern kümmert sich Herr
Schnell überhaupt nicht mehr um die Angabe der richtigen
Rechtsform. Er gibt sie nur als »Fa. Serrex« und »Fa. Spiess« an.
Da aus den Firmennamen nicht ohne weiteres klar wird, um
welche Branchen es sich handelt und welche Produkte oder
Dienstleistungen angeboten werden, hätte der Bewerber dies
kurz benennen müssen.

Wie zu erwarten, fehlen auch nähere Angaben zu den ausgeübten Tätigkeiten bei den einzelnen beruflichen Stationen.
Herr Schnell gibt entweder nur die Berufsbezeichnung an oder

verweist pauschal auf »Tätigkeiten im Einkauf«, »Vertrieb«
oder »Marketing«.

Ausführlichere Angaben macht Herr Schnell dagegen zu seinen Hobbys. Der Freizeitbereich scheint für ihn interessanter
zu sein als seine berufliche Tätigkeit. Der Platz, den er der Darstellung seiner Hobbys einräumt, ist größer als der, den er für
die Darstellung seiner aktuellen Tätigkeit reserviert.

Auf die Angaben von Ort und Datum der Erstellung sowie
auf seine Unterschrift hat Herr Schnell verzichtet. Damit bestätigt er am Ende des Lebenslaufes nachdrücklich den Eindruck
eines lieblosen Standardschreibens. Er scheint den Lebenslauf
im Falle einer Ablehnung erneut verwenden zu wollen.

Schritt für Schritt zum ersten Rendezvous

Nach der Kritik an den Unterlagen von Herrn Schnell zeigen wir Ihnen nun, wie eine überzeugende Selbstdarstellung dieses Bewerbers aussehen könnte. Herr Schnell hat sich diesmal mehr Mühe mit der Ausformulierung des Anschreibens und der Erstellung des Lebenslaufes gegeben. Eine Anstrengung, die sich für ihn lohnen wird.

Auf die überzeugende Selbstdarstellung kommt es an

Punkte sammeln mit dem Anschreiben

Das nun folgende Positivbeispiel für ein Anschreiben bezieht sich ebenso wie das vorangegangene Negativbeispiel auf die Stellenanzeige *Assistentin/en Vertrieb und Marketing*, die wir zu Beginn des vorherigen Abschnittes aufgeführt haben.

Hasso Schnell, Westring 245 b, 34455 Köln
Tel. (0211) 654321, E-Mail: Hasso.Schnell@t-online.de

Sensorix GmbH & Co. KG
Bereich Personal
Frau Mayerhofer
Rennbahn 115
34567 Köln

Köln, 14.02.2003

Bewerbung als Assistent Vertrieb und Marketing
Ihre Anzeige in der *WAZ* vom 09.02.2003 und unser Telefongespräch vom 11.02.2003

Positivbeispiel

Sehr geehrte Frau Mayerhofer,

vielen Dank für den ersten Abgleich meines Profils mit den Anforderungen der Stelle. An der Schnittstelle zwischen Vertrieb und Marketing verfüge ich über umfassende Berufserfahrung. Zur Weiterentwicklung der Kundenbeziehungen habe ich zielgruppenorientierte Präsentationskonzepte erarbeitet und umgesetzt. Die Aufbereitung von Marktforschungsdaten ist mir ebenso vertraut wie die Beratung von Kunden und Geschäftspartnern.

Momentan arbeite ich als Vertriebsmitarbeiter bei der Spiess KG, einem Anbieter von MSR-Komponenten. Zu meinen Hauptaufgaben gehört die Koordination von Marketing- und Sales-Aufgaben. Daneben bin ich für die Weiterentwicklung von Geschäftsbeziehungen zuständig, wozu auch die Planung von verkaufsfördernden Maßnahmen mit dem Kunden zählt.

Vor meiner jetzigen Position habe ich für die Serrex GmbH als Vertriebs- und Marketingassistent gearbeitet. Wesentliche Tätigkeiten waren dort die Projektkoordination und -verfolgung, die Vorbereitung und Durchführung von Präsentationen und die Auswertung von Marktforschungsdaten.

In meine berufliche Entwicklung bin ich als Industriekaufmann gestartet. Um die Aktualisierung meiner betriebswirtschaftlichen Kenntnisse habe ich mich stets aktiv gekümmert. Ich spreche gut Englisch und bin mit der gängigen Bürosoftware vertraut. Über eine Einladung zum Vorstellungsgespräch würde ich mich freuen.

Mit freundlichen Grüßen

Hasso Schnell

Ein formal überzeugendes Anschreiben Herr Schnell hat sich diesmal mehr Zeit für sein Anschreiben genommen. Und unsere formale Auswertung fällt jetzt günstig für ihn aus: Er hat zusätzlich zu seiner Anschrift seine Telefonnummer und seine E-Mail-Adresse angegeben, um eine schnelle Kontaktaufnahme zu ermöglichen. Das angeschriebene Unternehmen ist mit der richtigen Rechtsform genannt.

Darüber hinaus hat Herr Schnell eine persönliche Ansprechpartnerin in seiner Bewerbung nennen können, die von ihm auch in der richtigen Abteilung »Bereich Personal« angesiedelt wird.

Die Betreff- und Bezugzeile machen sofort ersichtlich, worum es geht. Herr Schnell gibt in der Betreffzeile die genaue Bezeichnung der Stelle an, für die er sich interessiert. Sowohl die Fundstelle der Anzeige als auch der Hinweis auf das vorab geführte Telefongespräch sind in der Bezugzeile aufgeführt.

Den Fehler einer unpersönlichen Bewerbung hat Herr Schnell diesmal vermieden. Er hat vor der Ausarbeitung des Anschreibens telefonisch Kontakt mit der Firma aufgenommen. Diese Möglichkeit war in der Stellenanzeige ausdrücklich durch die Angabe einer Telefonnummer eröffnet worden. In seiner Anrede spricht er direkt seine Kontaktperson, Frau Mayerhofer, an.

Der persönliche Bezug ist wichtig

Im ersten Satz seines Anschreibens weist Herr Schnell auf das mit Frau Mayerhofer geführte Telefonat hin und dankt ihr für den ersten Profilabgleich. So erinnert er die Personalverantwortliche an das geführte Telefongespräch und dessen ergebnisorientierte Atmosphäre. Auf vage Formulierungen verzichtet Herr Schnell ebenso wie auf nichtssagende Floskeln. Er stellt von Anfang an sein Profil in den Mittelpunkt des Anschreibens. Dabei greift er Punkte aus der Stellenanzeige heraus und stellt dar, welche Anforderungen er bereits bewältigt hat.

Im zweiten Absatz nennt er seinen derzeitigen Arbeitgeber und stellt die neutrale Beschreibung seiner Aufgaben in den Mittelpunkt. Herr Schnell achtet darauf, die Nähe seiner derzeitigen Aufgaben zu den Anforderungen der neuen Stelle zu betonen. So erwähnt er seine Koordinationsaufgaben im Marketing und Vertrieb und die Planung von verkaufsfördernden Maßnahmen mit dem Kunden. Auf die Darstellung von Krisen, Problemen und Schwierigkeiten verzichtet er gänzlich. Der Le-

Die Anforderungen der Stelle im Blick behalten

ser findet im Anschreiben keinen Hinweis darauf, dass das Verhältnis des Bewerbers zum momentanen Arbeitgeber gestört sein könnte.

Im nächsten Absatz folgt eine kurze Beschreibung der beruflichen Entwicklung. Auch dabei argumentiert Herr Schnell wieder positionsbezogen: Er verweist auf seine bisherigen Erfahrungen aus früheren Positionen, die eine möglichst große Nähe zur ausgeschriebenen Stelle deutlich machen.

Runden Sie Ihr Profil ab

Seinen sachlich-beschreibenden Stil setzt der Bewerber bis zum letzten Absatz konsequent fort. Er rundet sein Profil ab, indem er auf die gewünschten Zusatzqualifikationen – betriebswirtschaftliche Kenntnisse, Englischkenntnisse, Softwarekenntnisse – eingeht.

Das von Herrn Schnell vorgestellte Profil ist von ihm passgenau auf die Stellenanzeige zugeschnitten worden. Stolpersteine wie unnötige Bewertungen oder der Hinweis auf Schwierigkeiten mit Kollegen oder Vorgesetzten tauchen gar nicht erst auf. Personalverantwortliche werden von diesem präzisen Kurzgutachten in eigener Sache angetan sein. Denn der Bewerber ermöglicht damit einen fundierten Abgleich des Stellenprofils mit dem Bewerberprofil.

So werden Sie zum Wunschbewerber

Anschreiben, die keinerlei Bezug zu den Anforderungen der ausgeschriebenen Stelle nehmen, stoßen in Personalabteilungen auf Ablehnung. Daher sollten Sie rechtzeitig üben, wie Sie Ihr Profil auf Stellenanzeigen zuschneiden. Dann werden Sie zum Wunschbewerber mit individuellem Profil und gehören nicht länger zu den Bewerbern, die unberücksichtigt in der Masse untergehen. Doch bedenken Sie: Jede Firma will aufs Neue umworben werden. Es reicht nicht aus, einmal ein allgemeines Anschreiben zu verfassen, das auf jede Firma gleich gut beziehungsweise gleich schlecht passt.

Damit auch Sie sich mit Ihrem Anschreiben so gut präsentieren können wie Herr Schnell im Positivbeispiel, haben wir für Sie die Übung »Die richtige Analyse« entworfen. Bevor Sie in der Übung lernen, Ihr eigenes Profil zuzuschneiden, erläutern wir Ihnen, welche Vorarbeit Herr Schnell geleistet hat. Das Beispiel »Herr Schnell denkt mit« führt Ihnen anschaulich vor Augen, wie Sie in der anschließenden Übung vorgehen sollten.

Analysieren Sie sich!

Herr Schnell denkt mit

Aus der Stellenanzeige für die Position Assistentin/en Vertrieb und Marketing hat sich Herr Schnell fünf der geforderten fachlichen Kenntnisse und drei der verlangten Soft Skills herausgeschrieben. Anschließend ist er seine bisherigen beruflichen Aufgaben durchgegangen und hat die Anforderungen mit passenden Beispielen aus seiner Praxis belegt.

Fachkenntnis 1: Berufserfahrung in Marketing und Vertrieb
Beleg: Tätigkeiten als Vertriebs- und Marketingassistent, Koordination von Marketing- und Sales-Aufgaben als Vertriebsmitarbeiter

Fachkenntnis 2: Vor- und Nachbereitung von Kundenbesuchen
Beleg: Weiterentwicklung von Geschäftsbeziehungen

Fachkenntnis 3: Datenaufbereitung zur Vertriebsunterstützung
Beleg: Auswertung von Marktforschungsdaten, Benchmarking

Fachkenntnis 4: Erarbeitung von Präsentationsunterlagen
Beleg: Erstellung von Präsentationsunterlagen

Fachkenntnis 5: betriebswirtschaftliche Kenntnisse
Beleg: Industriekaufmann, Weiterbildungsseminar »Kostenrechnung in der Praxis«

Soft Skill 1: Organisationstalent
Beleg: Koordination von Marketing- und Sales-Aufgaben, Projektkoordination

Soft Skill 2: Flexibilität
Beleg: Vertriebsinnendienst, Marktforschung, Marketing, Einkauf

Soft Skill 3: analytische Fähigkeiten
Beleg: Kundenberatung, Abstimmung mit Fachabteilungen, Angebotskalkulation

Die richtige Analyse

Übung

Orientieren Sie sich an unserem Beispiel. Schreiben Sie aus einer für Sie interessanten Stellenanzeige vier fachliche Anforderungen und vier gewünschte Soft Skills heraus. Notieren Sie anschließend Beispiele aus Ihrer Praxis, die deutlich machen, dass Sie die Anforderungen und Wünsche des neuen Arbeitgebers erfüllen.

Fachkenntnis 1: ....
Ihr Beleg: ....

Fachkenntnis 2: ....
Ihr Beleg: ....

Fachkenntnis 3: ....
Ihr Beleg: ....

Fachkenntnis 4: ....
Ihr Beleg: ....

Soft Skill 1: ....
Ihr Beleg: ....

Soft Skill 2: ....
Ihr Beleg: ....

Soft Skill 3: ....
Ihr Beleg: ....

Soft Skill 4: ....
Ihr Beleg: ....

Beschreiben Sie sich Mithilfe beschreibender Formulierungen können Sie nun Ihre Belege für die geforderten Fachkenntnisse und Soft Skills in das Anschreiben einbringen. Sie erhalten dadurch ein individuelles Profil, das Sie von anderen Bewerbern unterscheidet. Den schwierigsten Teil des Anschreibens, die inhaltliche Überzeugungsarbeit, haben Sie dadurch geleistet.

Bringen Sie Ihr individuelles Profil ein

Damit Ihre gute inhaltliche Arbeit nicht durch formale Fehler beeinträchtigt wird, haben wir für Sie eine Checkliste zusammengestellt. So können Sie Vorsorge dafür treffen, dass die von Ihnen verfassten Anschreiben nicht nur inhaltlich, sondern auch formal überzeugen.

Formale Fehler ausmerzen

- Haben Sie Ihre private Telefonnummer angegeben?
- Ist die Firmenanschrift korrekt (Rechtsform, richtige Abteilung, Adresse)?
- Können Sie Ihre Bewerbung an eine Kontaktperson in der Firma schicken, die Sie vorab ermittelt und informiert haben?
- Ist der Name Ihrer Kontaktperson fehlerfrei geschrieben?
- Ist Ihr Anschreiben mit dem Ort und dem Datum der Erstellung versehen?
- Haben Sie in der Betreffzeile die Position (eventuell mit Kennziffer), für die Sie sich bewerben, genannt?
- Haben Sie in der Bezugzeile auf die Fundstelle (Medium, Erscheinungsdatum) und auf ein vorab geführtes Telefongespräch hingewiesen?
- Ist Ihr Anschreiben in mehrere Absätze gegliedert?
- Sind die Sätze verständlich und aussagekräftig?
- Haben Sie eine ausreichende Schriftgröße gewählt (mindestens 11 Punkt)?
- Haben Sie auf Spielereien mit Formatierungen verzichtet (zu viel Fettdruck, Kursivdruck, Unterstreichungen)?

Checkliste

- Ist das Anschreiben von dritter Seite auf Rechtschreib- und Kommafehler gegengelesen worden?
- Haben Sie genügend Seitenrand gelassen?
- Haben Sie das Anschreiben mit Vor- und Zunamen unterschrieben?

Jeweils zehn weitere Beispiele für gelungene Anschreiben und Lebensläufe finden Sie in unserem Bestseller *Überzeugen mit Anschreiben und Lebenslauf. Die optimale Bewerbungsmappe für Um- und Aufsteiger.*

Überzeugen mit dem Lebenslauf

Um mehr über die im Anschreiben gemachten Angaben zu erfahren, werden Personalverantwortliche den Lebenslauf einer näheren Prüfung unterziehen.

Ein hoher Informationsgehalt im Lebenslauf ist wichtig

Ihr Lebenslauf sollte aus diesem Grund die Angaben aus dem Anschreiben untermauern. Wichtig dabei ist, dass deutlich wird, warum Ihr Profil auf die ausgeschriebene Stelle passt. Es bietet sich an, stichwortartig zu formulieren. So erreichen Sie einen möglichst hohen Informationsgehalt.

Herr Schnell hat darauf geachtet, dass aus seinem Lebenslauf seine berufliche Entwicklung und sein Qualifikationsprofil abgeleitet werden können. Sie werden feststellen, dass diese Version seines Berufsweges überzeugender klingt. Auch in formaler Hinsicht ist der Lebenslauf gelungen, er ist prüfungsfreundlich und gut strukturiert.

Hasso Schnell
Westring 245 b
34455 Köln

Tel. (0211) 654321
E-Mail: Hasso.Schnell@t-online.de

Lebenslauf

Persönliche Daten

geb. am 10.08.1975 in Dortmund
verheiratet

Berufstätigkeit

07/2002 – heute	Spiess KG, Köln, (Anbieter von Komponenten für die Mess-, Steuerungs- und Regelungstechnik), Abteilung Verkauf, Vertriebsinnendienst, Vertriebsmitarbeiter, Tätigkeiten: Weiterentwicklung von Geschäftsbeziehungen, Koordination von Marketing- und Sales-Aufgaben, Angebotserstellung
01/1998 – 06/2002	Serrex GmbH, Essen, (Anbieter von Bürotechnik)
06/2000 – 06/2002	Abteilung Vertrieb und Marketing, Vertriebs- und Marketingassistent, Tätigkeiten: Projektkoordination und Projektverfolgung, Erstellung von Präsentationsunterlagen, Auswertung von Marktforschungsdaten, Benchmarking
01/1998 – 06/2000	Abteilung Einkauf, Einkäufer, Tätigkeiten: Sicherstellung von Lieferterminen, Marktbeobachtung, Abstimmung mit Fachabteilungen, selbstständige Preisverhandlungen

Positiv-
beispiel

| 07/1997 – 12/1997 | Produkt AG (mittelständisches Unternehmen im Bereich Büroausstattung), Verkaufsabteilung, Vertriebsinnendienst, Vertriebsassistent, Tätigkeiten: Angebotskalkulation und -erstellung, Kundenberatung |

Ausbildung und Schule

07/1994 – 06/1997	Produkt AG, Köln, Ausbildung zum Industriekaufmann
30.06.1997	Industriekaufmann, Note »gut«
15.06.1994	Fachhochschulreife an der Beruflichen Schule für Wirtschaft, Köln

Weiterbildung

08/2002	Marketingakademie, Bochum, Datenbanken im Direktmarketing
02/2002	Karriereakademie, Kiel, Rhetorik im Beruf
04/2001	Digitaldata GmbH, Köln, selbstablaufende Präsentationen mit PowerPoint erstellen
03/1999	Wirtschaftsakademie, Essen, Kostenrechnung in der Praxis

Zusatzqualifikationen

| EDV-Kenntnisse: | WinWord, Excel, Access, PowerPoint (alle ständig in Anwendung) Intra- und Internetkommunikation (sehr gut) |
| Sprachen: | Englisch (gut) |

| Köln, 14.02.2003 | *Hasso Schnell* |

Seine Kontaktdaten hat Herr Schnell ebenfalls auf dem Lebenslauf vermerkt. Dies ist günstig, falls seine Bewerbungsunterlagen während der Prüfung getrennt werden. Das kann zum Beispiel passieren, wenn das Anschreiben in der Personalabteilung verbleibt und die Mappe mit dem Lebenslauf, den Arbeitszeugnissen und den Zertifikaten an die Fachabteilung weitergeleitet wird.

Nach der Angabe der persönlichen Daten beschreibt Herr Schnell als Erstes seine momentane Position. Dieser Aufbau des Lebenslaufes – von der aktuellen Position rückwärts zu den davor liegenden Stationen, also rückwärts-chronologisch – hat viele Vorteile. Personalverantwortlichen fällt so als Erstes die für ihre Entscheidung wesentlichste Information, der aktuelle Arbeitsplatz, ins Auge. Schon auf der ersten Seite des Lebenslaufes wird die Berufserfahrung thematisiert. Die für eine Einstellung bedeutsamen Argumente liefert der Lebenslauf also gebündelt an herausgehobener Stelle. Sie müssen nicht erst mühsam aus einer Menge weniger wichtiger Daten herausgefiltert werden.

Die Berufserfahrung steht an erster Stelle

Bei der Angabe seiner beruflichen Stationen nennt Herr Schnell zuerst seinen Arbeitgeber. Er verwendet dabei die richtige Rechtsform. Einen besonderen Pluspunkt verdient er sich durch die kurze Erklärung zu dem Geschäftsfeld der jeweiligen Arbeitgeber (»Anbieter von Komponenten für die Mess-, Steuerungs- und Regelungstechnik«). Gerade bei kleinen und mittleren Arbeitgebern wird aus der Firmenbezeichnung nicht ohne weiteres deutlich, in welcher Branche die Firma tätig ist.

Nach der Nennung des Arbeitgebers führt Herr Schnell die Abteilungen an, in denen er beschäftigt ist oder war (»Abteilung Verkauf, Vertriebsinnendienst«). Danach folgt seine Positionsbezeichnung im Unternehmen (»Vertriebsmitarbeiter«).

Geben Sie ausgewählte Tätigkeiten an

Damit der Titel, unter dem er arbeitet, auch mit Leben gefüllt wird, gibt Herr Schnell ausgewählte Tätigkeiten an. Diese schneidet er auf die ausgeschriebene Stelle zu. Das heißt, er nennt nicht alle Aufgaben, die er in der Firma bewältigt, sondern in erster Linie diejenigen, die gut zu der ausgeschriebenen Position passen.

Aus unserer Beratungstätigkeit wissen wir, dass sich viel zu viele Bewerber mit Standardlebensläufen bewerben, die nicht besonders aussagekräftig sind. Genauso wie beim Anschreiben, das auf die neue Stelle zugeschnitten werden muss, sollte auch **Erstellen Sie** der Lebenslauf passgenau entwickelt werden. Die Beschreibung **passgenaue** der wahrgenommenen beruflichen Aufgaben fällt Bewerbern **Lebensläufe** aber anscheinend derart schwer, dass sie häufig darauf verzichten, ein Tätigkeitsspektrum anzugeben. Sie wissen nicht, welche Schlagworte ihre Arbeit am besten charakterisieren. Nicht selten lässt einen die berufliche Routine vergessen, wie abwechslungsreich und vielfältig die Tätigkeiten an einem Arbeitsplatz sind.

Damit Sie sich in Ihrem Lebenslauf optimal beschreiben und gleichzeitig die Tätigkeiten hervorheben können, die für die neue Stelle wichtig sind, sollten Sie aussagekräftige Bezeichnungen für momentane und zurückliegende Tätigkeiten sammeln.

Tätigkeiten im Vertrieb

Beispiel

Herr Schnell hat vor der Erarbeitung seines Lebenslaufes Stellenanzeigen aus Zeitungen und Internet-Jobbörsen gesammelt. Er hat Anzeigen ausgewählt, die seinem Berufsfeld als Vertriebsmitarbeiter entsprechen. Die folgenden 20 Tätigkeitsbezeichnungen hat er dann aus verschiedenen Anzeigen herausgeschrieben. Alle aufgeführten Tätigkeiten hat er in seiner jetzigen Position oder den davor liegenden ausgeübt.

1. Kundenbetreuung
2. Verkaufspräsentation
3. Beratung
4. Unterstützung des Außendienstes
5. Marktbeobachtung
6. Analyse von Kundenwünschen
7. Akquisition
8. Weiterentwicklung von Geschäftsbeziehungen

9. Benchmarking
10. Projektkoordination
11. Angebotskalkulation
12. Werbemitteleinsatz
13. Verkaufsförderung
14. Preisverhandlungen
15. Markteinführung

16. Produktschulung
17. Zielgruppendefinition
18. Messebetreuung
19. Gebietsstrukturierung
20. Betreuung von
    Niederlassungen

Mehr Profil im Lebenslauf

Übung

Damit Sie sich in Ihrem Lebenslauf nicht unter Wert verkaufen, brauchen Sie Material für die Selbstdarstellung. Nehmen Sie Stellenanzeigen zur Hand, in denen Positionen ausgeschrieben werden, die Sie innegehabt haben. In den Anforderungen finden Sie Schlagworte und Schlüsselbegriffe, die das jeweilige Tätigkeitsfeld näher charakterisieren. Schreiben Sie diese Begriffe heraus. Beschränken Sie sich dabei nicht. Zunächst kommt es darauf an, so viele Bezeichnungen wie möglich für die von Ihnen bereits ausgeübten Tätigkeiten zu finden.

1. ....
2. ....
3. ....
4. ....
5. ....
6. ....
7. ....
8. ....
9. ....
10. ....

11. ....
12. ....
13. ....
14. ....
15. ....
16. ....
17. ....
18. ....
19. ....
20. ....

Erstellen Sie ein passendes Bewerberbild

Mit dem Material, das Ihnen jetzt zur Verfügung steht, können Sie nun, wie auch Herr Schnell in seinem Lebenslauf, Ihre beruflichen Stationen näher beschreiben. Auf diese Weise werden Sie in Ihrem Lebenslauf ein zur neuen Stelle passendes Bewerberbild konstruieren können.

Der passgenaue Lebenslauf

Übung

Ordnen Sie die in der vorhergehenden Übung herausgefundenen Tätigkeitsbezeichnungen Ihren beruflichen Stationen zu. Überlegen Sie bei jeder Angabe, ob Sie gegebenenfalls ein Beispiel aus der Berufspraxis geben können. Sie müssen schließlich damit rechnen, in einem Vorstellungsgespräch zu den Angaben im Lebenslauf befragt zu werden.

Geben Sie etwa fünf Tätigkeiten für jede Position an. Machen Sie dann die Endkontrolle. Prüfen Sie, ob die von Ihnen ausgewählten Tätigkeiten im Großen und Ganzen zu der von Ihnen angestrebten neuen Stelle passen.

Ihre aktuelle Position:

Tätigkeit 1: . . . .
Tätigkeit 2: . . . .
Tätigkeit 3: . . . .
Tätigkeit 4: . . . .
Tätigkeit 5: . . . .

Ihre vorhergehende Position: . . . .

Tätigkeit 1: . . . .
Tätigkeit 2: . . . .
Tätigkeit 3: . . . .

Tätigkeit 4: . . . .
Tätigkeit 5: . . . .

Ihre Einstiegsposition: . . . .

Tätigkeit 1: . . . .
Tätigkeit 2: . . . .
Tätigkeit 3: . . . .
Tätigkeit 4: . . . .
Tätigkeit 5: . . . .

Den zentralen Themenblock im Lebenslauf – die Darstellung Ihrer Berufstätigkeit – haben Sie nun im Griff. Auch bei der Ausgestaltung der weiteren Blöcke können Sie sich an dem Lebenslauf von Herrn Schnell orientieren. Nach dem wichtigsten Block »Berufstätigkeit« hat er die Blöcke »Ausbildung und Schule«, »Weiterbildung« und »Zusatzqualifikationen« gebildet.

Zeitangaben gibt Herr Schnell in Monat und Jahr an. So erspart er dem Personalverantwortlichen das Rätselraten darüber, ob Lücken im Lebenslauf versteckt werden sollen. Abschlüsse (Berufsausbildung und Fachhochschulreife) werden mit Tagesdatum aufgeführt. Die Angabe des letzten erworbenen Schulabschlusses ist ausreichend. Anders als in der Negativversion verschenkt Herr Schnell diesmal keinen wertvollen Platz. **Die richtigen Zeitangaben**

Im Themenblock »Weiterbildung« führt Herr Schnell ausgewählte Seminare auf. Er dokumentiert auf diese Weise seine Lernbereitschaft und den Willen beruflich weiterzukommen. Sein Lebenslauf endet mit dem Block Zusatzqualifikationen. Dort stellt er seine EDV- und Sprachkenntnisse mit einer aussagekräftigen Bewertung da.

Der Lebenslauf ist mit dem Ort und dem Datum der Erstellung versehen und von Herrn Schnell mit Vor- und Zunamen unterschrieben. So bürgt er für die Richtigkeit seiner Angaben und macht deutlich, dass es sich um einen speziell für diese Firma angefertigten Lebenslauf handelt.

Damit Ihr Lebenslauf ebenfalls überzeugt, sollten Sie ihn mithilfe unserer Checkliste überprüfen:

Überzeugung durch den Lebenslauf (margin note)

Anforderungen an den Lebenslauf

Checkliste (margin note)

- Sind Ihre Kontaktdaten auf dem Lebenslauf vermerkt?
- Haben Sie aussagekräftige Themenblöcke gebildet?
- Haben Sie die Verweildauer bei den einzelnen Stationen mit Monat und Jahr angegeben?
- Sind Ihre beruflichen Stationen durch die Zuordnung von Tätigkeiten aussagekräftig gestaltet?
- Ist den Abschlussprüfungen ein Tagesdatum zugeordnet?
- Sind die von Ihnen angegebenen Weiterbildungen sinnvoll?
- Sind Ihre Sprach- und EDV-Kenntnisse von Ihnen bewertet worden?
- Ist Ihr Lebenslauf lückenlos?
- Haben Sie Ihren Lebenslauf mit dem Ort und dem Datum der Erstellung versehen und mit Ihrem Vor- und Zunamen unterschrieben?
- Haben Sie auf Ihrem Lebenslauf ein aktuelles Foto befestigt (beispielsweise in der rechten oberen Ecke)?

Das gehört außerdem in die Bewerbungsmappe

Mit dem Anschreiben und dem Lebenslauf mit Foto haben Sie die zentralen Elemente für die schriftliche Bewerbung angefertigt. Es gehört aber noch mehr in Ihre Bewerbungsmappe. In

Stellenanzeigen werden in der Regel vollständige Bewerbungsunterlagen verlangt.

Vollständige Unterlagen bestehen aus dem Anschreiben,
dem Lebenslauf, dem Bewerbungsfoto sowie Kopien der Arbeitszeugnisse und des Ausbildungs- beziehungsweise Hochschulabschlusszeugnisses. Hinzu kommen, soweit vorhanden,
Kopien von Fortbildungsabschlüssen und Weiterbildungszertifikaten.

**Vollständige
Bewerbungs-
unterlagen**

Ist Ihre Bewerbungsmappe nicht vollständig, wird man
kaum bei Ihnen anrufen und fehlende Unterlagen nachfor-
dern. Achten Sie deshalb beim Versand darauf, alle geforderten
Unterlagen mitzuschicken. Unsere Checkliste hilft Ihnen bei
der Kontrolle Ihrer Bewerbungsmappe.

Die vollständige Bewerbungsmappe

- Enthält Ihre Bewerbungsmappe das Anschreiben, den
  Lebenslauf, das Bewerbungsfoto sowie Kopien von Arbeitszeugnissen und des Ausbildungs- beziehungsweise
  Hochschulabschlusses?
- Liegt Ihr Anschreiben lose in der Bewerbungsmappe?
- Haben Sie die Unterlagen in der richtigen Reihenfolge
  sortiert (Obenauf liegt das Anschreiben, dann folgt ein-
  geheftet der Lebenslauf mit dem Foto, anschließend
  wird nach dem Erstellungsdatum sortiert: erst die Kopie
  des aktuellsten Arbeitszeugnisses oder der aktuellsten
  Weiterbildungsbestätigung, zuletzt die Kopie des Aus-
  bildungs- beziehungsweise des Hochschulabschlusszeugnisses)?
- Sind die Kopien von guter Qualität?
- Haben Sie die beigelegten Zertifikate über die Teilnahme an Weiterbildungen sorgfältig ausgewählt?

Checkliste

- Ist Ihre Bewerbungsmappe von guter Qualität und ihre Farbe neutral (lieber keine Schockfarben)?

Anschreiben und Lebenslauf: mit Worten ins Herz hinein

Im Blick

- Die meisten Bewerberinnen und Bewerber haben mehr zu bieten, als aus ihren Unterlagen deutlich wird.
- Das Anschreiben dient Personalverantwortlichen zum Abgleich des Bewerberprofils mit dem Stellenprofil.
- Überzeugt das Anschreiben nicht, ist die Prüfung der Bewerbungsunterlagen zu diesem Zeitpunkt oft schon beendet.
- Aus dem Lebenslauf sollten Ihre Berufserfahrung und Ihre berufliche Entwicklung erkennbar werden.
- Ohne gründliche Analyse der Stellenanzeige kann die Bewerbung nicht passgenau ausgearbeitet werden. Die verlangten fachlichen Kenntnisse und Soft Skills müssen durch Beispiele aus der Berufspraxis belegt werden.
- Zu viele formale Fehler führen dazu, dass die Bewerbung aussortiert wird, bevor eine inhaltliche Prüfung stattfindet.
- Standardanschreiben bringen Stellenwechsler nicht weiter. Es muss ein individuelles Profil geliefert werden.
- Der Lebenslauf sollte die Angaben aus dem Anschreiben unterstützen. Im Idealfall sind Anschreiben und Lebenslauf aus einem Guss.
- Bewerberinnen und Bewerber mit Berufserfahrung sollten Lebensläufe rückwärts-chronologisch verfassen. Die wichtigste Information, die momentane Stelle, folgt gleich nach der Angabe der persönlichen Daten.
- Es genügt nicht, im Lebenslauf nur den Arbeitgeber und die Stellenbezeichnung anzugeben. Erst durch die stichwortar-

tige Angabe ausgeübter Tätigkeiten gewinnen Bewerberinnen und Bewerber an Profil.

- Die tägliche Arbeit lässt einen oft vergessen, wie vielfältig selbst die wesentlichen Arbeitsinhalte an einem Arbeitsplatz sind. Es lohnt sich daher, eine Sammlung aussagekräftiger Etikettierungen anzulegen.
- Die von Ihnen erstellte Bewerbungsmappe liefert wie eine Arbeitsprobe erste Informationen über Ihren Arbeitsstil. Lassen Sie daher Sorgfalt walten und achten Sie auf die Vollständigkeit Ihrer Unterlagen.
- Vollständige Bewerbungsunterlagen bestehen aus der Mappe, dem Anschreiben, dem Lebenslauf, dem Bewerbungsfoto und Kopien der Arbeitszeugnisse und des Ausbildungs- oder Hochschulabschlusszeugnisses. Hinzu kommen Kopien von Weiterbildungszertifikaten und Fortbildungsmaßnahmen.

9

Heißer Online-Flirt:
E-Mail for You

Neben dem klassischen Versand der Bewerbungsunterlagen per Post kann die Bewerbung auch als E-Mail versendet werden. Die Zeiten, als eine Bewerbung noch besondere Aufmerksamkeit erzielte, *nur* weil sie online einging, sind jedoch vorbei. Oberflächliche Bewerbungen werden auch dann aussortiert, wenn sie über das Internet verschickt wurden. Stellen Sie sich auf die Erwartungen der Firmenseite ein, um mit Ihrer Online-Bewerbung zu beeindrucken.

Alle, die das Internet nutzen – sei es am Arbeitsplatz oder privat –, erfreuen sich an den Möglichkeiten des elektronischen Postversands. Eine E-Mail, ganz schnell mit einem Vertragsentwurf oder privaten Urlaubsbildern verschickt, beschleunigt die Arbeitsabläufe, erspart den Ausdruck, die Kopie oder den Abzug und ist billiger als der Versand per Post oder Kurierdienst. Gerade die Schnelligkeit und Formlosigkeit der E-Mail birgt aber auch ihre speziellen Gefahren.

Der schnelle Kontakt per E-Mail Personalverantwortliche, die zu Online-Bewerbungen befragt werden, beschweren sich zumeist darüber, dass diese zu oberflächlich und zu wenig aussagekräftig sind. Hinzu kommen Klagen über viele Tippfehler, austauschbare Standardtexte oder einen allzu flapsigen Ton. Wieder andere Personalverantwortliche kritisieren, dass Online-Bewerbungen häufig zu umfangreich, zu informationsüberladen und zu wenig strukturiert sind. Bewerberinnen oder Bewerber, die die E-Mail-Postfächer der Personalverantwortlichen mit großen Datenmengen blockieren, können nicht auf Sympathie hoffen.

Auch bei der Online-Bewerbung steckt der Teufel im Detail: Die Bewerbung muss auf die Wunschposition zugeschnitten sein und in Form eines aussagekräftigen Kurzgutachtens über die Qualifikationen der Bewerberin oder des Bewerbers Auskunft geben.

Achten Sie auf Details

Die schnelle Ansprache: Online-Bewerbungen

Die übliche Online-Bewerbung besteht aus einem Anschreiben und einem Lebenslauf. Diese Elemente müssen ein aussagekräftiges Bild von der Bewerberin beziehungsweise dem Bewerber vermitteln. Zwar gilt auch bei der postalischen Bewerbung, dass Anschreiben und Lebenslauf die entscheidenden Unterlagen sind, die Personalverantwortliche zu einer Einladung zum Vorstellungsgespräch oder zu einer Absage veranlassen. Dennoch wird das Bild der Bewerberinnen und Bewerber durch die zusätzlichen Dokumente abgerundet, die bei der Online-Bewerbung meist fehlen.

Besonders wenn Unternehmen ausdrücklich dazu auffordern, *nur* einen Lebenslauf via Mail zu senden, oder wenn sie ein Online-Bewerbungsformular im Internet bereitstellen, ist für die notwendige Überzeugungsarbeit wenig Platz vorhanden. Aber auch dann gilt: Die Online-Bewerberin oder der Online-Bewerber muss es schaffen, ihr oder sein besonderes Qualifikationsprofil deutlich zu machen.

Wenig Platz für Überzeugungsarbeit

Bei der Bewerbung via Internet ist es wegen des eingeschränkten Raumes zur Selbstdarstellung schwer, Individualität zu demonstrieren. Zu vermitteln, dass man genau *die* Bewerberin oder *der* Bewerber für die ausgeschriebene Position ist, ist meist sogar noch schwieriger als mittels der klassischen Bewerbung auf dem Postweg. Die Strategie, die in der Online-Bewerbung zum Ziel und damit in die Wunschposition führt, lautet: mit aussagekräftigen Stichworten ein verdichtetes individuelles Profil vermitteln.

Damit Ihr individuelles Profil auch den Empfänger im Unternehmen erreicht, müssen Sie es so versenden, dass es gelesen werden kann. Erscheinen auf dem Bildschirm eines Personalverantwortlichen kryptische Buchstaben und Zahlenkolonnen, war die von Ihnen geleistete mühsame Detailarbeit umsonst. Der häufig beschworene ungehinderte und unkomplizierte Informationsaustausch über das Internet stellt sich oft doch schwieriger dar, als vermutet – beispielsweise, weil E-Mail-Attachments in einem Format erstellt worden sind, das beim Empfänger nicht geöffnet werden kann.

Verzichten Sie auf Dateianhänge

Auf der sicheren Seite befinden Sie sich, wenn Sie eine E-Mail versenden, in die das Anschreiben und der Lebenslauf integriert sind. Der Versand von Dateianhängen an E-Mails wirft sonst zu viele Fragen auf. Sind Attachments überhaupt erwünscht? Welche Programme sind auf dem Empfängerrechner überhaupt installiert? Welche Dateiformate können geöffnet werden? Wie technisch versiert ist der Empfänger Ihrer E-Mail auf der Unternehmensseite? Fehler beim Versand von Dateianhängen können Sie nur vermeiden, wenn Sie sich vorher mit einem Anruf versichert haben, dass Ihre Daten auch dargestellt werden können.

Verwenden Sie immer Ihre private E-Mail-Adresse

Vorsicht mit Ihrem elektronischen Absender. Verwenden Sie niemals Ihre Unternehmens-E-Mail-Adresse. Nicht nur Ihren Vorgesetzten wird es stören, wenn Sie während Ihrer Arbeitszeit Bewerbungsaktivitäten entfalten. Auch das von Ihnen umworbene Unternehmen wird es nicht schätzen, dass Sie während Ihrer bezahlten Arbeitszeit persönlichen Interessen nachgehen. Verwenden Sie für Ihre Online-Bewerbung immer eine private E-Mail-Adresse als elektronischen Absender. Greifen Sie auf die kostenlosen Angebote, beispielsweise unter *www.gmx.de* oder *www.freenet.de* zurück. Dort können Sie sich schnell und problemlos eine private E-Mail-Adresse einrichten. Dies empfiehlt sich auch, wenn Ihre bisherige E-Mail-Adresse, etwa *DerDicke@aol.de,* zu witzig und damit für eine Bewerbung nicht geeignet ist.

Der gängige Umgangston zwischen Bewerberinnen beziehungsweise Bewerbern und Personalverantwortlichen hat sich mit der Einführung des Internets nicht geändert. Verzichten Sie auf den lockeren und kumpelhaften Sprachstil, der sonst in manchen E-Mails üblich ist. Erstellen Sie Ihre Texte genauso sorgfältig wie bei einer schriftlichen Bewerbung. Achten Sie auf Rechtschreibung, Satzstellung und eine übersichtliche Strukturierung des Textes.

Bewerbung oder Werbe-Mail?

Riskieren Sie nicht, dass Ihre Online-Bewerbung mit einer Werbe-Mail verwechselt und automatisch gelöscht wird. Füllen Sie immer die Betreffzeile der E-Mail aus und machen Sie auf den ersten Blick ersichtlich, dass es sich um eine Bewerbung handelt. Schreiben Sie beispielsweise »Bewerbung als Vertriebsmitarbeiter«. Auch wenn Sie Online-Bewerbungen an mehrere Firmen verschicken wollen, sollten Sie nie die Rundschreibenfunktion (Copy carbon/Cc) nutzen. Der Empfänger kann dann sofort sehen, dass Sie mit Massensendungen arbeiten und an welche Firmen Sie sich noch gewandt haben.

Die Online-Bewerbung ist eine Möglichkeit, sich bei interessanten Unternehmen ins Gespräch zu bringen. Erliegen Sie aber nicht der Versuchung, sich Arbeit sparen zu wollen. Ihre elektronische Bewerbung muss genauso gut vorbereitet und aussagekräftig ausgestaltet werden wie die Bewerbung auf dem Postweg. Mailen Sie Unternehmen nicht einfach an. Greifen Sie vorher zum Telefon, um Ihre Bewerbung anzukündigen und Zusatzinformationen zu erfragen. Verschicken Sie auch über das Internet nur auf die Wunschposition zugeschnittene Anschreiben und Lebensläufe.

Bereiten Sie Ihre Bewerbung sorgfältig vor

Wenn Sie sich eingehender mit der Online-Bewerbung befassen möchten, lesen Sie unseren Ratgeber *Die gelungene Online-Bewerbung. Vom ersten Kontakt zum Vorstellungsgespräch*. Sie finden dort alle Informationen, die Sie für Internet-Bewerbungen benötigen. Neben Tipps und Beispielen für die richtige Form und die sinnvolle inhaltliche Ausgestaltung von Online-

Umgang mit Online-Formularen Anschreiben und Online-Lebensläufen, erklären wir Ihnen auch ausführlich den Umgang mit Internet-Bewerbungsformularen und Online-Assessments.

Im Blick

Heißer Online-Flirt: E-Mail for You

- Online-Bewerbungen müssen ebenso auf die Wunschposition zugeschnitten sein, wie per Post verschickte Bewerbungen.
- Stellenwechsler, die sich online bewerben, erliegen leicht der Versuchung, ihre Bewerbung nachlässig zu gestalten.
- Üblicherweise werden als Bewerbung über das Internet ein Anschreiben und der Lebenslauf versandt.
- Der unkomplizierte Informationsaustausch über das Internet ist noch keine Selbstverständlichkeit. Stellen Sie sicher, dass Ihre Online-Bewerbung auch gelesen werden kann.
- Die Integration von Anschreiben und Lebenslauf in eine E-Mail ist der sicherste Weg, Konvertierungsproblemen vorzubeugen.
- Ihre derzeitige Unternehmens-E-Mail-Adresse sollte niemals für Bewerbungen genutzt werden. Verwenden Sie stets einen privaten E-Mail-Absender.
- Machen Sie in der Betreffzeile der E-Mail kenntlich, dass es sich um eine Bewerbung handelt, sonst könnte sie mit einer Werbe-Mail verwechselt werden.
- Bereiten Sie auch Online-Bewerbungen durch einen telefonischen Kontakt vor.

10

Der erste Rückruf: schlechte Karten für Blender

Wenn Ihre Bewerbungsmappe Interesse hervorgerufen hat, kann es passieren, dass Personalverantwortliche Sie anrufen, um weitere Informationen einzuholen. Nur wer dann am Telefon überzeugt, erhält die Einladung zum Vorstellungsgespräch. Verspielen Sie nicht den guten Eindruck, den Ihre Bewerbungsmappe hinterlassen hat. Wir erläutern Ihnen, wie Sie im telefonischen Jobinterview souverän agieren können.

Wenn es bei der Besetzung einer Stelle besonders schnell gehen soll, nehmen die Firmen häufig telefonisch Kontakt mit der Bewerberin oder dem Bewerber auf. Für manche Firmen spielen auch die Kostenvorteile eine Rolle, die ein telefonisches Jobinterview bringt. Eine telefonische Vorauswahl erspart den Ersatz von Reisekosten und eventuell notwendiger Übernachtungskosten. Ein Anruf ermöglicht es, sofort mit der Bewerberin oder dem Bewerber in Kontakt zu treten. Das telefonische Jobinterview verhindert zudem, dass Stellenwechsler zum Vorstellungsgespräch eingeladen werden, die nicht für die ausgeschriebene Stelle infrage kommen.

Kostenvorteile sprechen für das telefonische Interview

Selbstverständlich werden sich Firmen vor einer Einstellungsentscheidung noch einen persönlichen Eindruck von der Bewerberin beziehungsweise dem Bewerber machen. Ein telefonisches Jobinterview vermittelt Personalverantwortlichen aber bereits weitreichendere Informationen, die aus der Bewerbungsmappe allein nicht direkt herauszulesen sind: Im Telefongespräch lassen sich nämlich sehr schnell die kommunikativen Fähigkeiten einer Bewerberin oder eines Bewerbers feststellen – ob sie oder er im Gespräch auf andere Menschen eingehen, sich verständlich ausdrücken, berufliche Ziele äußern, mit schwierigen Fragen umgehen, Dinge auf den Punkt bringen und in allen Gesprächssituationen gelassen bleiben kann. Diese Fähigkeiten können anhand der schriftlichen Unterlagen nur vermutet werden.

Die Ernsthaftigkeit Ihrer Bewerbung auf dem Prüfstand Personalverantwortliche überprüfen auf diesem Weg unter anderem die Ernsthaftigkeit der Bewerbung. Sie klären so vor weiteren Auswahlschritten, ob die Bewerberin beziehungsweise der Bewerber tatsächlich bereit ist, die ausgeschriebene Stelle anzutreten. Es kommt nämlich häufig vor, dass Bewerbungen eher zu Testzwecken verschickt werden. Zum einen um die Höhe des eigenen Marktwertes zu überprüfen. Zum anderen aus der Euphorie heraus, den Job zu wechseln, die oftmals aber schnell wieder abklingt, wenn am derzeitigen Arbeitsplatz alles wieder seinen gewohnten Gang geht.

In die Falle getappt

In der Regel werden telefonische Jobinterviews von den Firmen angekündigt. Man wird mit Ihnen einen Termin vereinbaren, an dem man Sie anrufen wird, um sich ausführlicher mit Ihnen zu unterhalten. Diese Termine werden zumeist sehr kurzfristig **Bereiten Sie sich rechtzeitig vor** vereinbart. Fangen Sie also nicht erst mit Ihrer Vorbereitung an, wenn man Ihnen den Termin mitteilt, dann könnte es bereits zu spät sein.

Damit Sie einen Eindruck davon gewinnen, wie sich telefonische Jobinterviews mit unvorbereiteten von vorbereiteten Bewerberinnen und Bewerbern unterscheiden, stellen wir Ihnen jetzt ein Negativbeispiel und ein Positivbeispiel vor. Beide Gespräche werden mit der gleichen Bewerberin geführt, die sich auf die Position Teamassistentin Marketing/Vertrieb beworben hat. In beiden Versionen des telefonischen Jobinterviews ruft die Personalverantwortliche zu einem vorher festgelegten Termin an. Es wäre also beide Male möglich gewesen, die Anforderungen der Stellenanzeige noch einmal durchzugehen und sich das eigene Profil noch einmal zu vergegenwärtigen. In dem nun folgenden Negativbeispiel hat die Bewerberin ihre Zeit jedoch nicht für eine Vorbereitung genutzt.

Gehen Sie die Stellenanzeige noch einmal durch

Aus dem Rennen geworfen

Beispiel

Bewerberin: »Silke Krause.«

Personalverantwortliche: »Guten Tag Frau Krause, hier ist Petra Schön von der Handels GmbH, wir hatten einen Termin für ein telefonisches Interview vereinbart.«

Bewerberin: »Ja.«

Personalverantwortliche: »Mein Personalreferent hat Sie ja bereits über den Ablauf informiert. Ich möchte Ihnen gern ein paar Fragen stellen und mit Ihnen einige Ihrer Angaben aus der Bewerbungsmappe durchgehen.«

Bewerberin: »Ja.«

Personalverantwortliche: »Das Gespräch muss natürlich nicht nur einseitig verlaufen. Wenn Sie Fragen haben, sollten Sie sich nicht scheuen, sie zu stellen.«

Bewerberin: »Gut.«

Personalverantwortliche: »Wollen wir anfangen, Frau Krause?«

Bewerberin: »Ja.«

Personalverantwortliche: »Beschreiben Sie doch kurz einmal, wie Ihre berufliche Entwicklung bisher verlaufen ist.«

Bewerberin: »Nach der Realschule habe ich lange überlegt, welcher Beruf für mich der richtige sein könnte. Ich habe dann auf Empfehlung meines Vaters hin eine Ausbildung zur Bürokauffrau gemacht. Da hält man sich ja noch viele Entwicklungsmöglichkeiten offen. Nach der Ausbildung habe ich noch ein Jahr bei meinem Lehrbetrieb gearbeitet. Allerdings habe ich dort fast nur Telefondienst gemacht. Das war auf Dauer natürlich etwas langweilig. Darum habe ich den Arbeitsplatz gewechselt und eine Zeit lang als Sekretärin für eine andere Firma gearbeitet. Die Arbeit dort war ziemlich schwierig, weil ich für mehrere Abteilungen den Schriftverkehr abwickeln musste. Da gab es so manche Reiberei und die Arbeitsbelastung war einfach zu hoch. Jetzt arbeite ich für einen großen Büromöbelhersteller als Teamassistentin. Eigentlich sollte ich nur als Sekretärin fungieren, aber weil eine ältere Kollegin in den Ruhestand gegangen ist, musste Negativ-beispiel ich auch die Büroorganisation übernehmen. Mit meinen Chefs komme ich eigentlich ganz gut aus. Aber die anderen Sekretärinnen legen mir immer wieder Steine in den Weg. Die akzeptieren bis heute nicht, dass gerade ich zur inoffiziellen Leiterin gemacht wurde. Und weil die anderen nicht richtig mitziehen, gibt es jetzt natürlich auch Probleme mit meinen Vorgesetzten. Ich muss schließlich alles verantworten, was die anderen verbocken. Da ich mir das nicht mehr länger antun will, habe ich mich unter anderem bei Ihnen beworben.«

Personalverantwortliche: »Aha. Was haben Sie denn bisher unternommen, um die unerfreuliche Situation an Ihrem Arbeitsplatz zu verbessern?«

Bewerberin: »Da kann man überhaupt nichts machen. Also, ich sag Ihnen einfach mal, wie es ist. Mein Sekretariat ist für den Vertrieb und das Marketing zuständig. Eine meiner Sekretärinnen hat mit dem Vertriebsleiter ein sehr inniges Verhältnis, wenn Sie verstehen, was ich meine. Sie spielt sich daher auf, weiß alles besser und stellt alles, was schief läuft, als meinen Fehler hin. Manchmal versucht der Vertriebsleiter objektiv zu sein, aber meistens redet er seiner Geliebten doch nur nach dem Mund. Was kann ich da schon groß gegen machen?«

Personalverantwortliche: »Wie stellen Sie sich denn ein für Sie optimales Arbeitsumfeld vor?«

Bewerberin: »Wenn ich schon ein Team leite, dann muss auch klar sein, dass ich das Sagen habe. Wenn einem ständig andere in die Arbeit reinreden, ist ja klar, dass große Verwirrung entsteht.«

Personalverantwortliche: »Glauben Sie nicht, dass Teamarbeit auch etwas mit Kooperation zu tun hat?«

Bewerberin: »Bestimmt. Ich würde auf jeden Fall erwarten, dass die anderen mit mir kooperieren.«

Personalverantwortliche: »Warum haben Sie sich, wie Sie ja gesagt haben, unter anderem bei uns beworben?«

Bewerberin: »Ich habe Ihre Stellenausschreibung gelesen, in der eine Teamassistentin gesucht wurde. Das klang für mich ganz interessant.

Und ich müsste auch nicht umziehen, wenn ich bei Ihnen anfangen könnte.«

Personalverantwortliche: »Gut. Ich glaube, dass ich mir jetzt ein besseres Bild von Ihnen machen kann. Gibt es etwas, was ich noch wissen sollte?«

Bewerberin: »Ach so, meine Hobbys habe ich ganz vergessen. Ich engagiere mich nämlich auch in meiner Freizeit. Mein Mann und ich sind Mitglied im Western-Club. Ich organisiere die Clubtreffen und nähe Indianerkostüme für den Nachwuchs. Das macht mir sehr viel Spaß.«

Personalverantwortliche: »Da haben Sie ja eine schöne Aufgabe gefunden. Auf Wiederhören, Frau Krause.«

Bewerberin: »Moment, wie geht es denn jetzt weiter? Bekomme ich die Stelle?«

Personalverantwortliche: »Wenn wir uns für Sie entscheiden, werden wir uns bei Ihnen melden. Innerhalb der nächsten zwei Wochen werden wir Ihnen mitteilen, wie es weitergeht.«

Bewerberin: »Na gut.«

Die Bewerberin, Frau Krause, startet recht wortkarg in das Jobinterview mit der Personalverantwortlichen, Frau Schön. Sie überlässt dieser die Initiative und beschränkt sich darauf, einsilbig zu reagieren. Dadurch wirkt der Gesprächseinstieg gequält. Begeisterung für die neuen beruflichen Möglichkeiten scheint bei Frau Krause nicht vorhanden zu sein. Besonders auffällig ist, dass sie sich sogar die Chance entgehen lässt, die Personalverantwortliche mit Namen anzureden. Eine verbindlichere Atmosphäre wird so nicht zustande kommen.

Zeigen Sie Begeisterung im Gespräch

Als die Bewerberin nach ihrem beruflichen Werdegang gefragt wird, wirkt sie zum ersten Mal gesprächig. Sie wählt ihre Informationen allerdings nicht besonders sorgfältig aus. Frau Krause beginnt mit dem weit zurückliegenden Schulabschluss und liefert eine reine Nacherzählung ihres Lebensweges. Leider reichert sie ihre Erzählung mit Details an, die die Personalverantwortliche unnötig ins Grübeln bringen werden. Sie erwähnt beispielsweise, dass sie ihre Ausbildung nicht nach Interesse, sondern auf Empfehlung ihres Vaters hin aufgenommen hat.

Die Bewerberin stellt sich selbst ein Bein Ihre erste berufliche Tätigkeit nach der Ausbildung wertet sie unnötig mit dem Hinweis ab, dass sie nur Telefondienst gemacht hätte. Auch die nächste berufliche Station wird von ihr nicht besonders positiv dargestellt. Sie kritisiert die damals herrschende Arbeitsbelastung und betont die Reibereien zwischen den Mitarbeitern. Bei der Beschreibung ihrer momentanen Tätigkeit stellt sie ihren Aufstieg von der Sekretärin zur Teamassistentin als Zufall dar. Danach beschreibt Frau Krause den von ihr als problematisch empfundenen Arbeitsalltag und liefert jede Menge Schuldzuweisungen.

Die Personalverantwortliche kann aus der Darstellung der beruflichen Entwicklung heraushören, dass Frau Krause bisher in jeder beruflichen Station Schwierigkeiten bekommen hat. Frau Krause schildert ihre bisherige berufliche Entwicklung problemzentriert und lässt so erst gar kein positives Bild ihrer Fähigkeiten entstehen. Stattdessen stehen Reizworte wie »langweilige Aufgaben«, »schwierige Arbeit«, »Reibereien mit Kollegen«, »zu hohe Arbeitsbelastung« und »Probleme mit Vorgesetzten« im Raum.

Eine weitere Chance verstreicht ungenutzt Auf die Problemschilderung der Bewerberin hin entfährt der Personalverantwortlichen ein entsetztes »Aha«. Die Bewerbungsunterlagen von Frau Krause haben ihr anscheinend ein besseres Bild vermittelt. Mit der Frage nach den Problemlösungsstrategien erhält die Bewerberin noch eine Chance, sich besser darzustellen. Aber auch diese Chance ergreift Frau Krause nicht. Sie sieht keine Möglichkeit, schwierige Situationen am Arbeitsplatz handhaben zu können. Sie schiebt die Verantwortung lieber von sich weg und verliert sich in Klatsch- und Tratschgeschichten über die Kollegen und Vorgesetzten. Dabei verkennt sie, dass die Personalverantwortliche keine Busenfreundin ist, der man am Telefon vom Verhältnis einer Kollegin mit dem Vertriebsleiter berichtet.

Auch bei der nächsten Frage beweist Frau Krause ihre Fähigkeit, von einem Fettnäpfchen ins andere zu treten. Bei ihrer Antwort auf die Frage nach dem optimalen Arbeitsumfeld bezieht sie sich indirekt wieder auf die problematische Situation an ihrem Arbeitsplatz. Aus ihrer Antwort wird deutlich, dass sie autoritäre Entscheidungsstrukturen bevorzugt.

Die Enttäuschung der Personalverantwortlichen über den bisherigen Gesprächsverlauf schwingt in der anschließenden Frage: »Warum haben Sie sich, unter anderem, bei uns beworben?« mit. Eine Antwort, in der endlich auf die Wünsche der Firma und das Profil der Bewerberin eingegangen wird, erhält sie nicht. Frau Krause teilt nur mit: »Ich habe Ihre Stellenanzeige gelesen und müsste nicht umziehen.«

Setzen Sie sich mit den Anforderungen auseinander

Für Frau Schön ist der Fall erledigt. Sie hat die Überzeugung gewonnen, dass Frau Krause weder ins Unternehmen passt, noch sich sonderlich mit den Anforderungen des Unternehmens auseinander gesetzt hat. Das telefonische Jobinterview hat die Personalverantwortliche davor bewahrt, Frau Krause unnötigerweise zu einem persönlichen Vorstellungsgespräch einzuladen.

Einen Schritt weiter

Unser Positivbeispiel »Überzeugend in Szene gesetzt« zeigt, dass ein telefonisches Jobinterview auch anders verlaufen kann. Als Strategie wählt die Bewerberin, Frau Krause, diesmal die vertiefende Beschreibung ihres Profils. Sie ergänzt telefonisch Angaben aus dem Anschreiben und dem Lebenslauf und liefert wichtige Zusatzinformationen. Auf Probleme, Krisen und Schwierigkeiten geht sie bewusst *nicht* ein.

Mit der richtigen Strategie ins telefonische Jobinterview

Überzeugend in Szene gesetzt

Beispiel

Bewerberin: »Silke Krause.«

Personalverantwortliche: »Guten Tag Frau Krause, hier ist Petra Schön von der Handels GmbH, wir hatten einen Termin für ein telefonisches Interview vereinbart.«

Bewerberin: »Guten Tag Frau Schön. Ich freue mich, dass ich die Gelegenheit zu einem persönlichen Gespräch mit Ihnen habe.«

Personalverantwortliche: »Mein Personalreferent hat Sie ja bereits über den Ablauf informiert. Ich möchte Ihnen gern ein paar Fragen stellen und mit Ihnen einige Ihrer Angaben aus der Bewerbungsmappe durchgehen.«

Bewerberin: »Mit welchen Informationen kann ich Ihnen dienen?«

Personalverantwortliche: »Ihre Fragen sind ebenso wichtig wie die Fragen, die ich Ihnen gleich stellen werde. Scheuen Sie sich nicht Ihrerseits zu fragen, wenn Sie Informationsbedarf haben.«

Bewerberin: »Das werde ich tun. Einige meiner Fragen konnte ich bereits mit Ihrem Personalreferenten Herrn Krüger klären. Ich habe bereits im Vorfeld der Bewerbung Kontakt mit ihm aufgenommen.«

Personalverantwortliche: »Es freut mich, dass Ihnen Herr Krüger schon einmal weiterhelfen konnte. Mich interessiert jetzt, wie Sie Ihre bisherige berufliche Laufbahn sehen. Beschreiben Sie doch kurz, wie Ihre berufliche Entwicklung bisher verlaufen ist.«

Bewerberin: »Momentan arbeite ich als Teamassistentin für die Büromöbel GmbH & Co. KG. Zu meinen Aufgaben gehören die Terminkoordination und die Anberaumung von Meetings. Für den Vertrieb und das Marketing übernehme ich verantwortlich die Abwicklung der nationalen und internationalen Korrespondenz. Ich leite ein Team von vier Sekretärinnen und bin als Office-Managerin auch für die Büroorganisation zuständig. Vor dieser Position war ich selbst als Sekretärin tätig. Bei der Immobilien GmbH habe ich die Termin- und Reiseplanung der Außendienstmitarbeiter übernommen, Abrechnungen für die Buchhaltung aufbereitet und die Korrespondenz übernommen. Meine berufliche Entwicklung habe ich mit einer Ausbildung zur Bürokauffrau bei der Verkaufs AG begonnen. Nach meiner Ausbildung habe ich dort ein Jahr den Empfang betreut. Schon damals habe ich die Zusammenarbeit mit dem Vertrieb gesucht. Ich habe mir zum Beispiel Werbebroschüren aus dem Marketing besorgt und eine Mappe mit Pressestimmen zu unseren Produkten in der Warteecke am Empfang ausgelegt. So konnten die Kunden die Wartezeit nutzen und sich über unser Angebot informieren. Auch heute noch arbeite ich besonders gern mit dem Marketing und dem Vertrieb zusammen.«

Personalverantwortliche: »Warum möchten Sie denn Ihren Arbeitgeber wechseln? Sie scheinen doch gern in Ihrer jetzigen Position zu arbeiten.«

Bewerberin: »Das tue ich auch. Bei meinem jetzigen Arbeitgeber werden Vertriebs- und Marketingaufgaben aber immer stärker getrennt. Die Firma hat stark expandiert und ich müsste mich entscheiden, nur für den Vertrieb oder nur für das Marketing zu arbeiten. Dabei würde ich lieber noch mehr Koordinationsaufgaben, wie zum Beispiel die in Ihrer Anzeige angesprochene Projektkoordination und Projektverfolgung, übernehmen. Aus diesem Grund habe ich mich bei Ihnen beworben.«

Personalverantwortliche: »Wie stellen Sie sich ein für Sie optimales Arbeitsumfeld vor?«

Bewerberin: »Mir ist wichtig, dass das Team an einem Strang zieht. Dafür kann man aber auch selbst einiges tun. Ich habe einen guten Draht zu den anderen Abteilungen und pflege auch Kontakte zu den Mitarbeitern, mit denen ich nicht täglich Umgang habe.«

Personalverantwortliche: »Das klingt ja sehr harmonisch. Im Alltag treten aber doch auch einmal Schwierigkeiten auf. Wie gehen Sie denn mit Konflikten um, beispielsweise wenn sich Ihre Vorgesetzten nicht ganz grün sind?«

Bewerberin: »Zuerst einmal sorge ich dafür, dass sich Streitigkeiten nicht auf den Bereich auswirken, den ich zu verantworten habe. Der Schriftverkehr, die Ausfertigung von Angeboten, die Terminkoordination und die Abrechnungen müssen weiterlaufen. Der Kunde darf schließlich nicht unter Differenzen in der Firma leiden.«

Personalverantwortliche: »Leiden Sie denn persönlich unter den Streitigkeiten anderer?«

Bewerberin: »Ich finde manche Streiterei unnötig. Es ist aber nun einmal so, dass sich in der Firma auch unterschiedliche Charaktere zusammenraufen müssen und dass die Nerven bei hohen Belastungen auch einmal blank liegen. Im Sekretariat bekommt man so etwas unmittelbar mit. Manchmal kann man die Wogen glätten, manchmal müssen sich die Leute aber auch einfach eine Zeit lang aus dem Weg gehen.«

Personalverantwortliche: »Ja, das sehe ich auch so. Ich wäre dann mit meinen Fragen durch. Gibt es noch etwas, was ich über Sie wissen sollte?«

Bewerberin: »Ich arbeite gern im Sekretariat. Wenn ich als Teamassistentin dazu beitragen kann, den Abteilungen, denen ich zugeordnet bin, den Rücken freizuhalten, empfinde ich dies als persönliche Befriedigung.«

Personalverantwortliche: »Haben Sie noch eine Frage an mich?«

Bewerberin: »Ich habe immer gern Auszubildende eingewiesen und an jüngere Kolleginnen meine Erfahrungen weitergegeben. Müsste ich darauf in der neuen Stelle verzichten?«

Personalverantwortliche: »Mit Auszubildenden würden Sie weniger zu tun haben. Aber die Einarbeitung jüngerer Mitarbeiter würde zu Ihren Aufgaben gehören.«

Bewerberin: »Das ist schön. Ich würde mich freuen, wenn Sie bei der Stellenvergabe an mich denken. Wie geht es denn jetzt weiter?«

Personalverantwortliche: »Ich werde noch mit anderen Kandidatinnen sprechen, dann werde ich entscheiden, wen ich zu einem Vorstellungsgespräch einlade. Innerhalb von zwei Wochen werde ich mich mit Sicherheit bei Ihnen gemeldet haben.«

Bewerberin: »Ich freue mich auf Ihren nächsten Anruf, Frau Schön.«

Personalverantwortliche: »Auf Wiederhören, Frau Krause.«

Bewerberin: »Auf Wiederhören.«

In unserem Positivbeispiel hat Frau Krause das Interesse an ihrer Person im Telefongespräch verstärkt. Sie spricht die Personalverantwortliche gleich zu Beginn des Telefonats mit dem Namen an und schafft so eine verbindlichere Atmosphäre. Die – auch von Firmen – ungeliebte »Verhöratmosphäre« entsteht gar nicht erst. Es entwickelt sich ein Dialog.

Ein Hinweis auf die Kontaktaufnahme Um die Ernsthaftigkeit ihrer Bewerbung zu betonen, weist Frau Krause darauf hin, dass sie sich vor ihrer schriftlichen Bewerbung bereits mit dem Personalreferenten der Firma, Herrn Krüger, in Verbindung gesetzt hat. Dies wird von der Personalverantwortlichen wohlwollend aufgenommen.

Beim Einstieg in das eigentliche Interview kann Frau Krause entscheidende Punkte sammeln. Sie stimmt die Darstellung ihrer bisherigen beruflichen Entwicklung auf die ausgeschriebene Stelle ab. Sie nennt zuerst ihre momentanen Aufgaben und stellt dann Überschneidungen mit den Aufgaben in der neuen Position heraus. Danach geht sie auf ihre früheren Beschäftigungsverhältnisse ein. Sie nennt ihre damaligen Aufgabengebiete und schafft es, einen roten Faden in ihrer Entwicklung sichtbar zu machen. Am Ende ihrer Präsentation geht sie auf ihre Soft Skills ein und gibt Beispiele aus der beruflichen Praxis, aus denen ihre Kommunikationsfähigkeit, ihre Initiative und die Kundenorientierung ersichtlich werden.

Einen roten Faden entwickeln

Auf die Frage nach den Gründen für den Wunsch, die Stelle zu wechseln, kann Frau Krause eine plausible Antwort nennen. Sie betont, dass sie mehr Projektaufgaben als bisher übernehmen möchte. Statt persönliche Animositäten zwischen Vertrieb und Marketing zu thematisieren, stellt sie das Auseinanderdriften dieser Abteilungen als Folge des Firmenwachstums dar. Bei der Frage nach dem optimalen Arbeitsumfeld verweist sie auf die Eigenverantwortung von Mitarbeitern und bekennt sich zu individuellen Gestaltungsmöglichkeiten.

Die Personalverantwortliche ist mit den Antworten von Frau Krause sehr zufrieden. Als Profi versucht sie natürlich den Wahrheitsgehalt der Angaben zu überprüfen. Die Frage »Leiden Sie denn persönlich unter den Streitigkeiten anderer?« soll im Verborgenen schwelende Konflikte ans Tageslicht befördern. Auch diese Prüfung meistert Frau Krause souverän. Statt auf konkrete Probleme am Arbeitsplatz einzugehen, verallgemeinert sie. Sie nennt Situationen, die von jedem Firmenangehörigen als problematisch empfunden werden. Frau Krause schließt ihre Ausführung nicht, ohne im Folgenden auch Lösungsmöglichkeiten zu benennen, die aus ihrer Erfahrung heraus sinnvoll wären.

Fangfragen souverän beantwortet

Ihr professionelles Auftreten hält Frau Krause bis zum Schluss durch. Sie weiß, dass sie die Gelegenheit, eigene Fragen zu stellen, bekommen wird, und hat sich vorbereitet. Als die Personalverantwortliche mit ihrem Fragenkatalog durch ist, stellt sie eine Frage, die Sinn macht. Die Bewerberin erkundigt sich, welche Einarbeitungsaufgaben sie zukünftig übernehmen wird.

Am Ende des Gespräches richtet Frau Krause den Appell an die Personalverantwortliche, sie bei der Stellenvergabe zu berücksichtigen. Damit macht sie ein weiteres Mal deutlich, dass sie sehr an der ausgeschriebenen Stelle interessiert ist.

Diese Bewerberin überzeugt Die Bewerberin hat in diesem Telefongespräch auf wesentliche Punkte geachtet: Sie hat die Personalverantwortliche mit Namen angesprochen, sie konnte ihr berufliches Profil passgenau vorstellen, ihre momentane Stelle hat sie neutral beschrieben, sie konnte plausible Gründe für den Wunsch zu wechseln nennen und war in der Lage, selbst Fragen zu stellen. Das Gespräch wurde von Frau Krause mit dem Hinweis beendet, nach wie vor sehr an der Stelle interessiert zu sein. Damit konnte sie einen guten Eindruck hinterlassen, der ihr schließlich die Einladung zu einem Vorstellungsgespräch ermöglicht.

Überlassen auch Sie den Verlauf telefonischer Jobinterviews nicht dem Zufall. Bereiten Sie sich optimal vor. Vollziehen Sie zuerst noch einmal nach, wie Frau Krause im Positivbeispiel vorgegangen ist. Anschließend werden Sie Ihren eigenen Ablaufplan für telefonische Jobinterviews erstellen.

Der richtige Input

Beispiel

Frau Krause hat sich vor dem angekündigten Anruf der Personalverantwortlichen Frau Schön vorbereitet. Sie hat sich überlegt, wie sie das telefonische Jobinterview erfolgreich mitgestalten kann. Damit sie den richtigen Input geben kann, hat sie sich Stichworte zu den zentralen Elementen des Telefonats notiert.

Der Gesprächseinstieg
Mein Gesprächspartner: Frau Schön, Personalverantwortliche der Handels GmbH (bereits mit dem Personalreferenten Herrn Krüger telefoniert).

Kurzprofil: Schildern Sie bitte Ihre berufliche Entwicklung.

Meine Antwort: jetzt: Teamassistentin bei Büromöbel, Terminkoordination, Meetings anberaumen, Korrespondenz für Vertrieb und Marketing, Teamleitung, vier Sekretärinnen, Büroorganisation; *davor:* Sekretärin bei Immobilien GmbH, Termin- und Reiseplanung, Außendienstunterstützung, Abrechnungen vorbereitet, Korrespondenz; *Berufsstart:* Bürokauffrau Azubi bei Handels AG, Empfang, durch Empfangsgestaltung früh Kontakt zu Marketing und Vertrieb.

Wechselgründe: Warum wollen Sie den Arbeitgeber wechseln?

Meine Antwort: beabsichtigte Trennung von Vertrieb und Marketing, zu wenig Projektkoordination und -verfolgung.

Der derzeitige Arbeitsplatz: Was stört Sie an Ihrer momentanen Tätigkeit?

Meine Antwort: nichts, Wiederholung aus Kurzprofil, Betonung des guten Drahtes zu den Mitarbeitern.

Sie sind am Zug: Haben Sie noch Fragen?

Meine Fragen: Azubibetreuung? Anleitung jüngerer Kolleginnen?

Der Gesprächsabschluss

Mein Schlussappell: Denken Sie bei der Stellenvergabe an mich!

Auf dem Erfolgspfad

Machen Sie es wie die Bewerberin Silke Krause aus dem vorangegangenen Beispiel: Vergegenwärtigen Sie sich den Namen Ihres Gesprächspartners. Halten Sie ein Kurzprofil bereit. Finden Sie Antworten auf die Fragen nach Ihren Gründen für den Wechsel und nach Schwierigkeiten am jetzigen Arbeitsplatz. Überlegen Sie sich eine oder zwei eigene Fragen und formulieren Sie einen Schlussappell.

Übung

Der Gesprächseinstieg
Ihr Gesprächspartner: . . . .

Kurzprofil: Schildern Sie bitte Ihre berufliche Entwicklung.
Ihre Antwort: . . . .

Wechselgründe: Warum wollen Sie den Arbeitgeber wechseln?
Ihre Antwort: . . . .

Der derzeitige Arbeitsplatz: Was stört Sie an Ihrer momentanen Tätigkeit?
Ihre Antwort: . . . .

Sie sind am Zug: Haben Sie noch Fragen?
Ihre Frage: . . . .

Der Gesprächsabschluss
Ihr Schlussappell: . . . .

Üben Sie Telefoninterviews mit Freunden

Steigern Sie Ihre Sicherheit für telefonische Jobinterviews. Bitten Sie eine Freundin oder einen Freund, die Rolle des Personalprofis zu übernehmen. Lassen Sie sich anrufen und spielen Sie das Telefongespräch durch. Achten Sie darauf, die in der Übung entwickelten Bausteine in das Gespräch zu integrieren. Am Anfang ist es etwas ungewohnt, in einem telefonischen Jobinterview von sich aus Initiative zu zeigen. Mit etwas Übung werden Sie es aber schaffen, aus der ungeliebten Verhöratmosphäre einen produktiven Dialog entstehen zu lassen. Personalverantwortliche wollen auch durch Ihre kommunikativen Fähigkeiten beeindruckt werden. Wenn eine Einstellungsentscheidung gefällt wird, geht es schließlich um den Menschen, der hinter der Bewerbungsmappe steht.

Der erste Rückruf: schlechte Karten für Blender

- Bei der Besetzung von Stellen nutzen manche Firmen das Telefon zum Jobinterview, um zusätzliche Informationen zu erfragen.
- Jobinterviews werden von den Unternehmen angekündigt. Die Termine werden allerdings recht kurzfristig vereinbart.
- Interviews sind auch immer ein Soft-Skill-Test: Kann sich der Bewerber verständlich ausdrücken? Bringt er Informationen auf den Punkt? Bleibt er gelassen?
- Ein wesentlicher Prüfungspunkt ist die Ernsthaftigkeit der Bewerbung. Personalverantwortliche wollen klären, ob der Bewerber tatsächlich die ausgeschriebene Stelle antreten würde.
- Die Thematisierung von Schwierigkeiten mit der Arbeit oder von Konflikten mit dem Vorgesetzten wirft einen Bewerber aus dem Rennen.
- Sie müssen sich selbst in Szene setzen. Vereinzelte Informationshäppchen reichen nicht aus, um Ihr Profil deutlich zu machen.
- Je mehr Überschneidungen Ihrer bisherigen Tätigkeiten mit den Aufgaben der ausgeschriebenen Stelle deutlich werden, desto erfolgreicher wird das telefonische Jobinterview verlaufen.
- Überlegen Sie sich vor dem Telefongespräch, was Sie über sich mitteilen möchten. Erarbeiten Sie sich ein Kurzprofil. Stellen Sie im Vorfeld Antworten auf die Fragen nach den Gründen Ihres Wechselwunsches und der Situation am derzeitigen Arbeitsplatz zusammen.
- Lassen Sie Emotionen aus dem Spiel. Greifen Sie lieber auf die Strategie »beschreiben statt bewerten« zurück.
- Stellen Sie eigene Fragen, um Ihr Interesse an der neuen Stelle zu dokumentieren.

11

First Date:
das persönliche Gespräch

Mit der Einladung zum Vorstellungsgespräch haben Sie eine wichtige Hürde im Bewerbungsverfahren erfolgreich genommen. Die Firma möchte Sie persönlich kennen lernen und sich ein genaueres Bild von Ihnen machen. Doch nur weil Sie mit Ihrer schriftlichen Bewerbung überzeugen konnten, läuft das Vorstellungsgespräch nicht wie von selbst. Machen Sie in dem Gespräch deutlich, dass Sie zu der ausgeschriebenen Stelle passen und sich in die Firma integrieren können.

Im Vorstellungsgespräch geht es darum, möglichst umfassend die Wünsche des Stellenwechslers mit den Vorstellungen des Unternehmens abzugleichen. Das Gespräch sollte daher nicht einseitig geführt werden. Nicht nur die Firma möchte sich ein Bild von Ihnen machen, auch Sie sollten Ihre Ansprüche formulieren können. Nur so stellen Sie sicher, dass die neue Tätigkeit auch Ihren Wünschen nach Veränderung entspricht.

Wichtige Entscheidungen wie etwa Einstellungsentscheidungen werden in Firmen sorgfältig vorbereitet und müssen begründet werden. Es reicht nicht aus, dass Sie der Überzeugung sind, zu dem neuen Arbeitgeber zu passen. **Liefern Sie** die nötigen Argumente für Ihre Einstellung. Schließlich müssen Personalverantwortliche ihre Auswahlentscheidung intern begründen können. Die Geschäftsleitung und die beteiligten Leiter der Fachabteilungen wollen wissen, warum gerade dem ausgewählten Bewerber ein Arbeitsvertrag angeboten werden soll. Deshalb ist es wichtig, dass Sie Ihr Profil im Vorstellungsgespräch deutlich machen.

Liefern Sie Argumente für Ihre Einstellung

Müssen Personalverantwortliche Ihnen die Informationen einzeln »aus der Nase ziehen«, wird kaum ein aussagekräftiges Bild Ihrer beruflichen Erfahrungen und Ihrer Kenntnisse entstehen.

Das große Problem vieler Stellenwechsler ist, dass sie ihr eigenes Profil im Verlauf des Vorstellungsgespräches aus den Augen verlieren. Angestachelt durch gezielte Fragen von Personalverantwortlichen nach den Gründen für den Wechselwunsch – Schwierigkeiten mit Kollegen, Über- oder Unterforderung in der täglichen Arbeit –, kommt es dann zu einer Fülle von Schuldzuweisungen an den jetzigen Arbeitgeber. Plötzlich steht nicht mehr das Bewerberprofil im Vordergrund, sondern ein Insiderbericht über die Missstände am momentanen Arbeitsplatz. Der Wunsch »Dampf abzulassen« ist verständlich, aber unangebracht und in den meisten Fällen sogar kontraproduktiv: Denn sowohl Ihr Profil als auch die ergebnisorientierte Gesprächsatmosphäre bleiben dann auf der Strecke.

Achten Sie auf ein eigenes Profil

Bereiten Sie sich auf das Vorstellungsgespräch vor: Setzen Sie sich rechtzeitig mit den zu erwartenden Fragen der Personalverantwortlichen auseinander. Üben Sie sich darin, Ihre Stärken zu vermitteln. Trainieren Sie, sich als Teamplayer darzustellen. Und liefern Sie unverfängliche Gründe für Ihren Wunsch, die Stelle zu wechseln.

Überstrapazierte Ehrlichkeit

Wir erleben es in unserer Beratungspraxis immer wieder, dass Stellenwechsler davon überzeugt sind, dass sie sich auf Bewerbungsgespräche nicht sonderlich vorbereiten müssen. Mit der Akzeptanz ihrer schriftlichen Unterlagen fühlen sie sich bereits auf der Siegerseite. Dabei vergessen sie, dass sie noch lange nicht am Ziel sind.

Trügerische Sicherheit

Vielen Bewerbern ist nicht klar, dass sie selbst auf den Verlauf des Vorstellungsgespräches Einfluss nehmen können. Sie erwarten häufig eine Atmosphäre wie in einem Verhör, in der der Personalverantwortliche komplett für die Ausgestaltung des Gespräches verantwortlich ist. Dass ihr eigenes Verhalten ganz wesentlich die Richtung bestimmt, die das Gespräch nimmt, blenden sie aus. Dabei würde es schon helfen, wenn der Kardinalfehler von Stellenwechslern – die Arbeitgeberschelte – vermieden würde.

Aus unserer Beratungspraxis

Ehrlich währt am längsten?

Beratung

Ein Kaufmann der Grundstücks- und Wohnungswirtschaft, der sich bei uns beraten ließ, suchte bereits seit einiger Zeit eine neue Stelle. Er hatte mehrere Immobilienverwaltungen und Makler angeschrieben und auch Einladungen zu Vorstellungsgesprächen erhalten. Sein erstes Bewerbungsgespräch verlief jedoch ohne Erfolg, obwohl das Profil des Bewerbers gut zu der ausgeschriebenen Stelle gepasst hatte.

Die Gründe für das Scheitern waren dem Immobilienkaufmann nicht ersichtlich. Als er die Absage erhalten hatte, sei er aus allen Wolken gefallen, berichtete er. In der Beratung simulierten wir ein Vorstellungsgespräch, um den Ursachen auf den Grund zu gehen. Es wurde schnell deutlich, worunter unser Kunde bei seinem jetzigen Arbeitgeber litt. Er fühlte sich unter Druck gesetzt, gewisse Tätigkeiten »unehrlich« durchführen zu müssen. Der Immobilienkaufmann war aber nicht länger bereit, Objekte unter geschönten Angaben zu vermitteln, wie es in dem Unternehmen Usus war. Er hatte zudem Probleme damit, seine Kundenkontakte hochzurechnen, wie es seine Kollegen taten. Die Einstellung des Immobilienkaufmanns war sehr ehrbar und seine Entscheidung, die Firma aus diesem Grund zu verlassen, war nach unserer Ansicht ebenfalls nachvollziehbar.

Problematisch erwies sich allerdings, dass der Bewerber im simulierten Vorstellungsgespräch unablässig auf die Unehrlichkeit seiner Kollegen und die der Geschäftsleitung einging. Er präsentierte sich im Vorstellungsgespräch weniger als Kaufmann der Grundstücks- und Wohnungswirtschaft, sondern mehr als Unternehmensberater, der angetreten war, einen Feldzug zum Wohle des Kunden zu führen. Positive Aspekte seiner Arbeit wurden dabei jedoch nicht deutlich. Der Immobilienkaufmann verpasste die Chance zu vermitteln, dass seine Erfahrungen für den neuen Arbeitgeber nutzbringend sein würden.

Stattdessen vermittelte er indirekt das Gefühl, dass er alle Arbeitgeber im Immobilienbereich für Halsabschneider hielt. Damit schaffte er es natürlich nicht, Sympathie in dem Gespräch aufzubauen. Erschwerend kam das illoyale Verhalten seinem jetzigen Arbeitgeber gegenüber hinzu. Seine Absicht, Missstände am derzeitigen Arbeitsplatz anzuprangern, war zwar verständlich, aber äußerst kontraproduktiv. Statt ständig über die Fehler seiner Kollegen und die der Geschäftsleitung zu reden, hätte er lieber auf seine Erfolgsbilanz, den guten Kontakt zu den Kunden, seine Branchenerfahrung und sein umfangreiches Wissen in der Immobilienverwaltung und -vermittlung eingehen sollen.

Wir machten dem Kunden bewusst, dass er selbst und sein berufliches Profil in einem Vorstellungsgespräch auf dem Prüfstand stehen, und dass es sich nicht um einen

Prozess mit dem momentanen Arbeitgeber als Angeklagten handelt.

Fazit: Neue Arbeitgeber wissen, dass es Gründe gibt, den alten Arbeitsplatz zu wechseln. Eine Anklage gegen den alten Arbeitgeber lässt aber niemals deutlich werden, warum der *neue* Arbeitgeber Ihren beruflichen Zielen und Wünschen entspricht. Auch das eigene Profil kommt nicht zur Geltung, wenn sich die Bewerberinnen und Bewerber darauf konzentrieren, den Chef und die lieben Kollegen bloßzustellen.

Wunsch-arbeitgeber oder Not-nagel? Bei unvorbereiteten Stellenwechslern entsteht im Vorstellungsgespräch schnell der Eindruck, dass sie in der neuen Firma nicht den Wunscharbeitgeber, sondern eher den Notnagel sehen. Für Personalverantwortliche ist das natürlich keine tragfähige Basis für den Beginn eines neuen Arbeitsverhältnisses. Damit Sie nicht an unüberlegten Reaktionen und Worten in einem Vorstellungsgespräch scheitern, sollten Sie dieses gut vorbereiten.

Darauf kommt es an

Wie Sie sicherlich erkannt haben, hilft Ihnen allzu große Offenheit nicht, das Bewerbungsritual »Vorstellungsgespräch« erfolgreich zu absolvieren. In Verbindung mit Krisen, Problemen und Anschuldigungen können Sie sich nicht positiv darstellen. Ein ansprechendes Bild Ihres Profils können Sie nur dann vermitteln, wenn Sie sich und Ihre Stärken in den Mittelpunkt des Gespräches stellen.

Argumentieren Sie mit Ihren Erfahrungen aus der Berufspraxis. Bleiben Sie sachlich und stellen Sie immer wieder Ihren Nutzen für den neuen Arbeitgeber heraus. Behalten Sie die Anforderungen aus der Stellenanzeige im Blick und stimmen Sie Ihre Darstellung mit den Wünschen des neuen Arbeitgebers ab. Bereiten Sie sich auf die Fragen der Firmenseite vor und glänzen Sie durch ein produktives Gesprächsverhalten:

Stellen Sie Ihren Nutzen für die Firma heraus

- Erklären Sie, was Sie können.
- Überzeugen Sie als Teamplayer.
- Stellen Sie sich als Macher dar.
- Zeigen Sie, dass Sie Zukunftspläne haben.
- Dokumentieren Sie Ihre Ernsthaftigkeit.

Nicht jedes Bewerbungsgespräch verläuft gleich, doch es gibt Gemeinsamkeiten. Bestimmte Fragen werden in Vorstellungsgesprächen immer wieder gestellt. Sie können sich das Gespräch erleichtern, wenn Sie sich auf diese Fragen vorbereiten.

Erklären Sie, was Sie können

Um eine Firma davon zu überzeugen, dass Sie die richtige Besetzung für die ausgeschriebene Stelle sind, müssen Sie Ihre Fachkenntnisse und Ihre Soft Skills so darstellen, dass Sie sich von anderen Bewerbern abheben. Sie verschaffen sich erhebliche Startvorteile für den gesamten weiteren Gesprächsverlauf, wenn Sie Ihren bisherigen beruflichen Werdegang kurz, aber schlüssig vermitteln und mit konkreten Beispielen belegen können. Achten Sie stets darauf, auf das Anforderungsprofil der Firma einzugehen. Filtern Sie aus dem Fundus Ihrer beruflichen Erfahrungen die wesentlichen Informationen heraus, die Sie für die Stelle geeignet erscheinen lassen.

Filtern Sie die wesentlichen Informationen heraus

Im Vorstellungsgespräch steht als zentraler Aspekt Ihr berufliches Profil auf dem Prüfstand. Die Frage »Warum ist gerade diese Bewerberin beziehungsweise dieser Bewerber die oder der Richtige für uns?« steht von Anfang an im Raum. Wenn Sie sich auf die Darstellung Ihres Qualifikationsprofils vorbereiten, erarbeiten Sie sich eine solide Grundlage für das Gespräch. Sie können dann nicht nur die Frage »Warum sollten wir gerade Sie einstellen?« beantworten, sondern auch auf spezielle Fragen zu Ihren Fachkenntnissen und Soft Skills Auskunft geben. Im Kapitel *Vorbereitung auf den Flirt: Wie präsentieren Sie Ihre Stärken?* haben Sie sich bereits intensiv mit Ihren fachlichen und persönlichen Stärken auseinander gesetzt. Für das Vorstellungsgespräch können Sie an diese Vorarbeit anknüpfen. Führen Sie sich erneut vor Augen, was Sie anzubieten haben und wie Sie Ihre Fähigkeiten und Kenntnisse am besten vermitteln. Wichtig dabei ist: Vermeiden Sie in Vorstellungsgesprächen ebenfalls unnötige Bewertungen Ihrer Kenntnisse und Fähigkeiten. Diese stören die Gesprächssituation und fordern Personalverantwortliche ungewollt heraus, Ihre Fähigkeiten und Kenntnisse misstrauisch zu hinterfragen. Konzentrieren Sie sich lieber auf eine beschreibende Darstellung, die Ihren Gesprächspartner überzeugt.

Bereiten Sie sich intensiv vor

Sind Sie geeignet?

Beispiel

Bewirbt sich eine Stellenwechslerin für eine Position im internationalen Marketing, gibt es überzeugende und weniger überzeugende Antworten auf die Frage: »Warum halten Sie sich für die geeignete Bewerberin?«

Die folgende Antwort einer Stellenwechslerin bezüglich ihrer Eignung ist nicht nachahmenswert: »Ich bin sicher, dass Sie keine bessere Bewerberin finden können. Auch an meinem momentanen Arbeitsplatz sind alle mit mir zufrieden. Aufgrund meiner Auslandserfahrung unterscheide ich mich deutlich von den anderen Mitbewerbern. Ich gebe stets das Beste und zeichne mich durch ausgeprägte Kreativität aus.«

Überzeugender – weil inhaltlich auf die neue Stelle ausgerichtet – wäre diese Antwort: »Ich habe bereits Aufgaben im internationalen Marketing übernommen. Dazu gehörte das Erstellen von Marketingplänen, die Umsetzung von Marketingstrategien sowie die Kostenkontrolle.

Markt-, Verbraucher- und Wettbewerberanalysen habe ich sowohl für den heimischen Markt als auch für den internationalen Markt erstellt. Um die Besonderheiten der unterschiedlichen Märkte kennen zu lernen, habe ich insgesamt ein Jahr in Auslandsniederlassungen in Nordamerika und in Kanada gearbeitet.«

Was können Sie?

Übung

Nutzen Sie den Gestaltungsspielraum, den Sie in Vorstellungsgesprächen haben. Bringen Sie von sich aus Ihr berufliches Profil ins Spiel, um die Firmenseite zu beeindrucken. Beantworten Sie die folgenden Fragen und achten Sie darauf, dass Sie Ihre Erfahrungen und Erfolge anhand von Beispielen belegen.

»Warum sollten wir Sie einstellen?«
Ihre Antwort: . . . .
. . . .

»Was unterscheidet Sie von anderen Bewerbern?«
Ihre Antwort: . . . .
. . . .

»Würden Sie sich selbst einstellen?«
Ihre Antwort: . . . .
. . . .

»Warum haben Sie sich gerade bei uns beworben?«
Ihre Antwort: . . . .

»Wären Sie bereit, auch eine andere Stelle in unserer Firma zu übernehmen?«
Ihre Antwort: . . . .
. . . .

Personalverantwortliche sind erfahren in der Durchführung von Vorstellungsgesprächen. Ihre Professionalität zeigt sich darin, dass sie ein feines Gespür für Widersprüche und Ungereimtheiten haben. Die Firmen sind sehr daran interessiert, wie sich zukünftige Mitarbeiter in den betrieblichen Alltag integrieren können. Vermuten Personalverantwortliche, dass Ihr Umgang mit anderen Menschen nicht immer reibungslos verläuft, wird man Ihnen kaum einen Arbeitsvertrag anbieten.

Können Sie sich in die Firma integrieren?

Ganz wichtig für Stellenwechsler ist es, sich bewusst zu machen, dass der Personalverantwortliche ein »Agent« der neuen Firma ist. Er wird Ihnen zwar nicht feindlich gegenüberstehen, doch Sie sollten ihm nicht wie einem guten Bekannten gegenübertreten. Es kommt immer wieder vor, dass Bewerber ihrem Gesprächspartner ihr Leid über die Schwierigkeiten am momentanen Arbeitsplatz klagen. Sie machen dies, weil sie insgeheim auf Verständnis hoffen und sich nach Akzeptanz sehnen. Zudem gehört es bei vielen Mitarbeitern zum guten Ton, auf den Vorgesetzten zu schimpfen. In der Kantine mag es gelingen, mit Vorwürfen an »die da oben« Einigkeit unter den Kollegen zu erzielen. Im Vorstellungsgespräch ist diese Taktik aber völlig fehl am Platz.

Verzichten Sie auf Vorwürfe

Wenn Sie sich in einem Vorstellungsgespräch über Vorgesetzte beschweren, werden die Personalverantwortlichen den Schluss ziehen, dass Sie sich nicht unterordnen können und dass Sie als Quertreiber die tägliche Arbeit nur behindern werden. Verzichten Sie daher auf eine »Arbeitgeberschelte« und vermitteln Sie stattdessen, dass Sie auch mit schwierigen Menschen zurechtkommen und dass Sie über Strategien verfügen, die Konflikte lösen helfen.

Damit Sie glaubwürdig bleiben, können Sie durchaus Meinungsverschiedenheiten thematisieren. Sie müssen aber immer darstellen, dass Sie die Situation aktiv zum Besseren gewendet haben.

Die lieben Kollegen

Beispiel

Auch wenn die Verführung groß ist, sollte Sie die Frage »Was stört Sie an Ihren Kollegen am meisten?« nicht zu Hasstiraden verleiten, wie zum Beispiel diese: »Ich musste ständig die Arbeit meiner Kollegen mitmachen. Es scheint bei uns Abteilungssport zu sein, sich vor der Arbeit zu drücken. Insbesondere die älteren Kollegen warten doch nur noch auf das Rentenalter.«

Günstiger ist eine versöhnliche Antwort, aus der deutlich wird, wie Konflikte aus der Welt geschaffen wurden, wie zum Beispiel diese: »Mit meinen Kollegen arbeite ich gut zusammen. Wenn es einmal kleinere Reibungspunkte gibt, kümmere ich mich um ein persönliches Gespräch. Manchmal lässt sich auch mit der Änderung von Arbeitsabläufen viel für eine bessere Zusammenarbeit tun.«

Kollegen und Vorgesetzte

Übung

Die neue Firma möchte erfahren, wie Sie mit Kollegen und Vorgesetzten zurechtkommen. Man möchte vermeiden, Bewerberinnen oder Bewerber einzustellen, die Probleme verursachen, statt Arbeitsaufgaben zu lösen. Aus unserer Beratungspraxis wissen wir, dass es am derzeitigen Arbeitsplatz oft mehr Schwierigkeiten gibt, als Außenstehende nachvollziehen können und wollen. Vermeiden Sie deshalb mit Ihren Antworten, schlafende Hunde zu wecken.

»Wie kamen Sie mit Ihrem letzten Vorgesetzten aus?«
Ihre Antwort: . . . .
. . . .

»Was haben Sie jüngeren Kollegen voraus?«
Ihre Antwort: . . . .
. . . .

»Beschreiben Sie den idealen Vorgesetzten!«
Ihre Antwort: . . . .

. . . .

»Gab es jemals Reibungspunkte in der Zusammenarbeit
mit Kollegen?«
Ihre Antwort: . . . .

. . . .

»Was machen Sie, wenn Ihr Vorgesetzter Sie ungerechtfer-
tigt kritisiert?«
Ihre Antwort: . . . .

. . . .

Stellen Sie sich als Macher dar

Bei Ihrer Beschäftigung mit den Fragen zur Einschätzung der
eigenen Persönlichkeit sollten Sie auf die unreflektierte Auf-
zählung von persönlichen Krisen oder frustrierenden Erlebnis-
sen verzichten. Personalverantwortliche wollen Ihre generelle
Zufriedenheit mit dem Arbeitsalltag erkennen können.

Zeigen Sie, dass Sie sich Gedanken gemacht haben

Machen Sie deutlich, dass Sie zur Selbstreflexion fähig sind.
Es sollte nachvollziehbar werden, dass Sie auch an Schwierigkeiten gereift sind. Bei Ihren Antworten ist entscheidend, dass
Sie die positiven Aspekte für Ihre Entwicklung betonen. Verdeutlichen Sie, dass Sie Probleme als Herausforderungen betrachten, für die es Lösungsmöglichkeiten gibt. Zeigen Sie auf,
dass Sie neue Erkenntnisse gewonnen haben.

Mangelnder Respekt

Die Frage »Welche Eigenschaft stört Sie an Menschen am meisten?« ermöglicht Personalverantwortlichen eine bessere Einschätzung des Bewerbers. Antwortet ein Stellenwechsler: »Wenn ich nicht vorbehaltlos respektiert werde und mir widersprochen wird«, dann stellt er sich nicht gerade als teamfähig und offen in der Kommunikation mit anderen dar.

Es ist günstiger, den eigenen Beitrag in den Vordergrund zu stellen, der ein reibungsloses Miteinander unterstützt, beispielsweise so: »Ich erwarte von mir, dass ich mit allen Menschen zurechtkomme. Am Arbeitsplatz darf man sicherlich ein Mindestmaß an Ehrlichkeit und Einsatzbereitschaft von anderen erwarten. In Geschäftsbeziehungen muss man es lernen, auch mit schwierigen Kunden auszukommen.« Mit dieser Antwort vermittelt der Bewerber, dass er sich Gedanken über die berufliche Situationen und ihre Anforderungen gemacht hat. Seine Fähigkeit, über sich selbst nachzudenken, wird deutlich.

Kennen Sie Ihre Stärken und Ihre Schwächen?

Ringen Sie nicht mühsam nach Worten, wenn sich Personalverantwortliche ein tiefer gehendes Bild über Ihre Persönlichkeit machen möchten. Bei den meisten Fragen geht es darum, wie Sie mit Schwierigkeiten umgehen und wo Sie selbst Ihre Stärken und Schwächen sehen. Achten Sie darauf, dass Sie nicht zu sehr in die Beschreibung von Krisen und persönlichen Schwachstellen einsteigen. In den Mittelpunkt Ihrer Antworten sollten Sie lieber stellen, dass Ihr Umgang mit anderen Personen reibungslos verläuft und dass Sie konstruktiv mit Konflikten umgehen.

»Was sind Ihre Stärken?«
Ihre Antwort: . . . .
. . . .

»Wie gehen Sie mit persönlichen Krisen um?«
Ihre Antwort: . . . .
. . . .

»Was machen Sie, wenn es zu Konflikten kommt?«
Ihre Antwort: . . . .
. . . .

»Nennen Sie zwei berufliche Erfolge und einen Misserfolg!«
Ihre Antwort: . . . .
. . . .

»Wie würde Ihr Lebenspartner/ein Freund Sie beschreiben?«
Ihre Antwort: . . . .
. . . .

Zeigen Sie, dass Sie Zukunftspläne haben

Ihre Einsatzbereitschaft für den neuen Arbeitgeber sollte sich nicht mit der Unterschrift unter den neuen Arbeitsvertrag erschöpfen. Personalverantwortliche legen Wert darauf, dass Sie erkennen lassen, dass Sie auch zukünftig am Ball bleiben wollen.

Punkten können Sie, indem Sie Beispiele dafür geben, was Sie in der Vergangenheit aktiv für Ihre Weiterentwicklung getan haben. Machen Sie den roten Faden in Ihrer beruflichen Entwicklung sichtbar. Dann fällt es Personalverantwortlichen leichter, Ihnen einen Vertrauensbonus einzuräumen. Wer in der Vergangenheit gezielt am beruflichen Fortkommen gearbeitet hat, dem traut man zu, dass er auch zukünftig aktiv bleiben wird.

Machen Sie Ihre Entwicklung deutlich!

Treffen Sie Vorsorge dafür, dass im Gesprächsverlauf nicht die Vermutung entsteht, die Schwierigkeiten an Ihrem jetzigen Arbeitsplatz hätten Ihnen den letzten Lebensnerv geraubt. Sonst glauben Personalverantwortliche, Sie warten nur noch »saft- und kraftlos« auf das Ende Ihrer beruflichen Laufbahn. Wenn Sie berufliche Ziele formulieren können und wissen, welche Weiterbildungsmaßnahmen Ihr Profil abrunden könnten, werden Sie wichtige Punkte sammeln.

Der Blick in die Zukunft

Werden Sie im Vorstellungsgespräch gefragt: »Welche beruflichen Ziele haben Sie noch?«, würde die folgende Antwort Ihre Chancen vernichten, einen neuen Arbeitsvertrag zu erhalten: »Für mich gibt es nicht mehr viel zu erreichen. Ich will eher meine jetzige Situation absichern.«

Beispiel

Einen vielversprechenderen Blick in die berufliche Zukunft geben Sie mit dieser Antwort: »Ich möchte mich immer wieder neuen Aufgaben stellen. In meiner Position verfüge ich ja schon über umfassende Berufserfahrung. Die Routineaufgaben habe ich daher sicher im Griff. Mich würden Sonderaufgaben und auch die Teilnahme an abteilungsübergreifenden Projekten reizen.«

Was ist von Ihnen zu erwarten?

Die Firmen sind an Mitarbeitern interessiert, die sich auf neue Entwicklungen einstellen können und bereit sind, die Herausforderungen der Zukunft anzunehmen. Runden Sie den guten Eindruck ab, den Ihr berufliches Profil hinterlassen hat, indem Sie es fortschreiben. Liefern Sie Beispiele dafür, dass Sie sich durch das Setzen beruflicher Ziele und das Erreichen dieser Ziele selbst motivieren. Lassen Sie durchklingen, dass Sie beruflich noch lange nicht alles er-

Übung

reicht haben, was Ihnen aufgrund Ihres Potenzials möglich wäre.

»Welche Weiterbildungsmaßnahmen würden Sie interessieren?«
Ihre Antwort: . . . .
. . . .

»Welche Ziele haben Sie noch nicht erreicht?«
Ihre Antwort: . . . .
. . . .

»Können Sie sich überhaupt noch für den Berufsalltag motivieren?«
Ihre Antwort: . . . .
. . . .

»Was tun Sie, wenn Sie diese Stelle nicht bekommen?«
Ihre Antwort: . . . .
. . . .

»Was wollen Sie in fünf Jahren erreicht haben?«
Ihre Antwort: . . . .
. . . .

Sie haben beim Durcharbeiten der von uns vorgestellten Fragen sicherlich bemerkt, dass es bei manchen Fragen schwer ist, sie aus dem Stegreif zu beantworten. Wenn Sie weitere Unterstützung benötigen, sollten Sie unser Buch *Souverän im Vorstellungsgespräch. Die optimale Vorbereitung für Um- und Aufsteiger* durcharbeiten. Dort finden Sie 100 häufig in Vorstellungsgesprächen gestellte Fragen und geeignete Antwortmöglichkeiten.

Vertiefende Informationen

Dokumentieren Sie Ihre Ernsthaftigkeit

Ihre Fragen an die neue Firma sind enorm wichtig. Erst wenn sich zwischen Ihnen und dem Personalverantwortlichen ein Dialog entwickelt, ist Ihr Interesse an der zu vergebenden Stelle glaubwürdig dokumentiert. Personalverantwortliche wissen, dass Bewerberinnen und Bewerber, die sich gezielt über den neuen Arbeitsplatz informieren, mehr Ausdauer und Frustrationstoleranz zeigen als Bewerber, die Hals über Kopf in die neue Firma hineinstolpern. Die Einschätzung der Ernsthaftigkeit Ihrer Bewerbung hängt deshalb auch davon ab, ob Sie im Vorstellungsgespräch sinnvolle Fragen stellen.

Stellen Sie Fragen, sammeln Sie Informationen und haken Sie nach. So binden Sie den Personalverantwortlichen mit ins Gespräch ein und stellen Ihre Entscheidung zum Wechsel auf eine möglichst breite Informationsbasis. Wechseln Sie die Stelle auf keinen Fall nach der Devise »Hauptsache irgendetwas Neues!«. Wenn es nach wenigen Wochen am neuen Arbeitsplatz kriselt, weil Sie nicht wussten, dass die Position für Sie neu geschaffen wurde, und Sie nun ohne Ansprechpartner zwischen allen Hierarchiestufen hängen, haben Sie ein Problem. Der Weg zurück ist verbaut und Sie müssten dem nächsten Arbeitgeber erklären, warum Sie schon wieder wechseln wollen.

Zeigen Sie Ihr Interesse

Bereiten Sie Ihren Stellenwechsel daher durch gezielte Fragen im Vorstellungsgespräch gründlich vor. Verärgern Sie jedoch Personalverantwortliche nicht dadurch, dass Sie zu Beginn des Gespräches einen Fragenkatalog aus der Tasche ziehen und Frage für Frage abhaken. Stellen Sie Ihre Fragen, wenn man Ihnen Gelegenheit dazu einräumt, oder am Ende des Vorstellungsgespräches.

Fragen zum richtigen Zeitpunkt

Achten Sie darauf, die Gesprächsatmosphäre nicht zu trüben. Beginnen Sie auf keinen Fall mit Fragen nach Gleitzeit, Urlaubstagen, der Abgeltung von Überstunden oder sozialen

Extraleistungen. Konzentrieren Sie sich auf solche Fragen, die für Sie bei der Ausübung Ihrer neuen Tätigkeit wirklich von Interesse sind. Die Antworten auf Fragen zur Einarbeitung, zur Stellung in der Firmenhierarchie und zur Einbindung in die Informationswege helfen Ihnen in dieser Hinsicht weiter.

Auf Folgendes sollten Sie besonders achten: Stellen Sie gezielt Fragen zu den von Ihnen als problematisch empfundenen Zuständen. Schließlich wollen Sie vermeiden, dass Sie am neuen Arbeitsplatz wieder in eine ähnliche Problemsituation hineingeraten.

Beispiel

Aus Schaden wird man klug

Ein Kundenberater ist in seiner momentanen Firma sehr unzufrieden. Dort stimmt nämlich die Abstimmung zwischen dem Vertrieb und dem Service nicht. Damit aber für die Kunden optimale Leistungspakete geschnürt werden können, müssen beide Abteilungen an einem Strang ziehen, so die Überzeugung des Kundenberaters. Um bei der neuen Stelle nicht wieder mit der Problematik einer mangelnden Abstimmung konfrontiert zu werden, hat er sich für das Vorstellungsgespräch diese drei Fragen überlegt.

1. »Werden Erkenntnisse aus dem Service an den Vertrieb weitergegeben?«
2. »Gibt es regelmäßige Treffen zwischen dem Service und dem Vertrieb?«
3. »Habe ich vor der Unterzeichnung eines Vertrages die Möglichkeit, Kollegen aus dem Service und dem Vertrieb kennen zu lernen?«

Übung

Vorbeugen ist besser als verzweifeln

Im Kapitel *Ihre Wünsche an den Neuen* haben Sie im Abschnitt *Was soll sich ändern?* herausgearbeitet, welche konkreten Forderungen Sie an Ihren neuen Arbeitsplatz stellen. Führen Sie sich für das Vorstellungsgespräch noch einmal vor Augen, welche Problemsituationen nicht mehr auftreten sollen. Überlegen Sie sich nun mindestens drei Fragen, mit deren Hilfe Sie sich Klarheit über die Zustände am neuen Arbeitsplatz verschaffen können. Haken Sie bei den Dingen, die Ihnen wichtig sind, nach.

Ihre 1. Frage: . . . .
. . . .

Ihre 2. Frage: . . . .
. . . .

Ihre 3. Frage: . . . .
. . . .

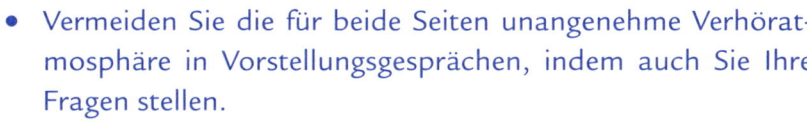

Auf einen Blick

First Date: das persönliche Gespräch

Im Blick

- Vorstellungsgespräche müssen sorgfältig vorbereitet werden. Sie laufen nicht einfach wie von selbst.
- Vermeiden Sie die für beide Seiten unangenehme Verhöratmosphäre in Vorstellungsgesprächen, indem auch Sie Ihre Fragen stellen.
- Lassen Sie sich die Informationen nicht aus der Nase ziehen. Liefern Sie selbst Gründe für Ihre Einstellung.
- Ihr eigenes Profil sollte im Mittelpunkt des Vorstellungsgespräches stehen. Schuldzuweisungen an den derzeitigen Arbeitgeber helfen Ihnen nicht weiter.
- Allzu offen über Probleme, Krisen und Schwierigkeiten am momentanen Arbeitsplatz zu berichten, hilft Ihnen nicht wei-

ter, wenn Sie Ihr Bewerbungsgespräch erfolgreich absolvieren möchten. Anschuldigungen werden ebenfalls nicht als Grund *für* eine Einstellung gewertet.

- Behalten Sie stets die Anforderungen der jeweiligen Stellenanzeige im Blick. Machen Sie Ihrem neuen Arbeitgeber den Nutzen deutlich, den Ihre Einstellung der Firma bringt.
- Überzeugen Sie Personalverantwortliche, indem Sie
  - erklären, was Sie können,
  - als Teamplayer überzeugen,
  - sich als Macher darstellen,
  - zeigen, dass Sie Zukunftspläne haben,
  - die Ernsthaftigkeit Ihrer Bewerbung dokumentieren.
- Stellen Sie eigene Fragen, um Personalverantwortlichen zu vermitteln, dass Ihnen die neue Stelle am Herzen liegt.

12

Die Entscheidung:
gehen oder bleiben?

Das Bewerbungsverfahren nähert sich dem Ende. Für Sie stellt sich nun die Frage: Soll ich einen neuen Arbeitsvertrag unterschreiben oder soll ich bei meinem alten Arbeitgeber und meinem alten Arbeitsplatz bleiben? Wenn eine derart wichtige Entscheidung getroffen werden muss, kommen bei vielen Stellenwechslern berechtigte Zweifel auf. In diesem Kapitel finden Sie eine Anleitung, wie Sie aus dem Grübeln herauskommen und die für Sie richtige Entscheidung treffen.

Bisher war Ihr vorrangiges Ziel, sich durch Bewerbungsaktivitäten Alternativen zur unbefriedigenden Situation am momentanen Arbeitsplatz zu schaffen. Sie haben ausgiebig recherchiert und Informationen gesammelt, Kontakt zu neuen Arbeitgebern aufgenommen, Ihr Profil am Telefon ins Gespräch gebracht, einige Bewerbungsmappen verschickt und in Vorstellungsgesprächen überzeugt. Als gut vorbereitete Bewerberin beziehungsweise gut vorbereiteter Bewerber haben Sie es geschafft, die Herzen einiger Personalverantwortlicher zu gewinnen und positiv zu beeinflussen. Die Firmen, die in Ihnen den Wunschkandidaten für die ausgeschriebene Stelle sehen, werden Ihnen nun ein Angebot machen. Dem Wechsel in eine andere Arbeitsbeziehung steht somit nichts mehr im Wege. Die Entscheidung liegt nun also allein bei Ihnen.

Jetzt sind Sie der Wunschkandidat

Behalten Sie das Heft des Handelns in der Hand

Stehen Sie zu Ihren Vorstellungen

Eine Entscheidung zu treffen, ist Verpflichtung und Chance zugleich. Mit dem Jobwechsel stellen Sie nämlich wichtige Weichen für Ihre weitere berufliche Zukunft. Es fällt jedoch gar nicht so leicht, wohlüberlegt einen neuen Weg einzuschlagen. Wir erleben immer wieder Stellenwechsler, die unter dem Entscheidungsdruck dazu neigen, ihre bisher sorgfältig durchdachte Strategie aufzugeben. Manche wechseln Hals über Kopf zu der Firma, die als Erste einen neuen Arbeitsvertrag vorlegt, obwohl sie noch weitere Eisen im Feuer haben. Andere wieder scheuen die Entscheidung und verpassen so die Chance zum Neuanfang. Es kann in manchen Fällen passieren, dass jemand so lange zögert, bis es schließlich keine Möglichkeit mehr zu einer freien Entscheidung gibt. Beispielsweise, weil ein anderer Bewerber die Wunschposition bei der neuen Firma eingenommen hat oder weil der jetzige Arbeitgeber in wirtschaftliche Schwierigkeiten geraten ist und Ihnen das Arbeitsverhältnis kündigt.

Beratung

Aus unserer Beratungspraxis

Leere Versprechungen

Ein Stellenwechsler hatte zusammen mit uns seine Bewerbungsaktivitäten geplant und einen neuen Arbeitsvertrag angeboten bekommen. Nachdem er uns von seinem Erfolg erzählt hatte, hörten wir lange Zeit nichts mehr von ihm. Ein Jahr später meldete er sich wieder bei uns. Er wollte eine weitere Bewerbungsrunde vorbereiten. Wir fragten ihn, ob er sich an seinem neuen Arbeitsplatz denn nicht wohlfühlen würde. Daraufhin teilte uns der Kunde mit, dass er den Arbeitsvertrag vor einem Jahr gar nicht unterschrieben hatte, sondern bei seiner alten Firma geblieben sei.

Wir waren überrascht, weil wir davon ausgegangen waren, dass unser Kunde seine damalige Chance genutzt hatte. Die Entwicklungsperspektiven bei dem alten – und immer noch aktuellen – Arbeitgeber waren nämlich äußerst dürftig gewesen. Der Kunde erzählte uns auf unsere Nachfrage hin, dass er das Gespräch mit seinem Abteilungsleiter gesucht hatte, als er den neuen Arbeitsvertrag angeboten bekam. Dieser hatte ihm dann das Versprechen gegeben, dass er innerhalb des nächsten Jahres auch innerhalb der Firma aufsteigen könne. Der Abteilungsleiter hatte nämlich selbst vorgehabt, sich wegzubewerben und unserem Kunden die Hoffnung gemacht, dass dieser als Nachfolger in seine Position wechseln könnte.

Diese Hoffnung hatte sich nicht erfüllt. Der Abteilungsleiter hatte es sich anders überlegt. Nun musste unser Kunde wieder von vorn beginnen. Leider hatte er sich mit der Ablehnung der neuen Position vor einem Jahr selbst die offene Tür bei einem interessanten Arbeitgeber vor der Nase zugeschlagen.

Fazit: Das Prinzip Hoffnung kann trügerisch sein. Natürlich lassen Firmen verdiente Mitarbeiter nur ungern gehen, auch wenn sie ihnen keine adäquate Aufstiegsposition bieten können. Statt auf leere Versprechungen zu vertrauen, ist es besser, nach dem Prinzip der Eigenverantwortung zu handeln. Wenn sich in einer neuen Stelle bessere Entwicklungsmöglichkeiten bieten, sollte man diese auch annehmen.

Wir können und wollen Ihnen Ihre Entscheidung, den Arbeitsplatz zu wechseln, nicht abnehmen. Sie sollten bedenken, dass die grundsätzliche Verantwortung für Ihre beruflichen Wünsche bei Ihnen liegt. Es wird keine Zauberfee kommen und Ihnen drei Wünsche gewähren. Genauso wenig wird sich aus heiterem Himmel das Füllhorn des beruflichen Glücks über Sie ergießen. Nehmen Sie die Herausforderung an, dass Sie Gestaltungsmöglichkeiten haben und Veränderungen in Ihrer beruflichen Situation selbst herbeiführen können.

Die Entscheidung liegt bei Ihnen

Die Zeiten der lebenslangen Arbeitgebertreue sind vorbei. Beschäftigte, die zum 30-jährigen Jubiläum der Firmenzugehörigkeit vom Chef eine goldene Taschenuhr überreicht bekommen, haben inzwischen Seltenheitswert. Diese Entwicklung können Sie beklagen oder auch begrüßen, aufhalten können Sie sie nicht. Auch der Verpflichtung, sich aktiv um die eigene berufliche Entwicklung zu kümmern, können Sie nicht entkommen. Sie müssen Flagge zeigen und ständig am Ball bleiben. Ist Ihnen dies in Ihrer Firma nicht möglich, weil die Situation am Arbeitsplatz dauerhaft belastet ist, sollten Sie den Stellenwechsel ernsthaft in Angriff nehmen.

Eine solide Basis für Ihre Entscheidung

Wir haben Ihnen dabei geholfen, genau zu benennen, was Sie an Ihrem momentanen Arbeitsplatz stört, und wir haben Ihr Gespür für den optimalen Arbeitsplatz geschärft. Schließlich haben wir Ihnen gezeigt, wie Sie in Kontakt mit neuen Arbeitgebern treten und Ihre Vorstellungen mit denen der Firmenseite abgleichen können. Sie brauchen sich bei der anstehenden Entscheidung nun nicht mehr allein auf Ihr Gefühl zu verlassen. Unüberlegtes Handeln aus dem Bauch heraus können Sie durch eine differenzierte Abwägung von Chancen und Risiken ersetzen. So behalten Sie das Heft des Handelns in Ihrer Hand.

Drum prüfe, wer sich ewig bindet ...

Bereiten Sie Ihre Entscheidung sorgfältig vor, zu welchem neuen Arbeitgeber Sie wechseln möchten. Der Wechsel von einem Übel ins nächste bringt Sie Ihren beruflichen Zielen nicht näher. Sie vergeuden lediglich unnötig Ihre Kraft und Ihre Energie, wenn Sie sich für eine neue Firma entscheiden, in der die alten Probleme nach kürzester Zeit ebenfalls auftreten oder in der Sie auf andere Schwierigkeiten stoßen. Sie müssen Ihren Blick für Warnsignale schärfen. Wenn Sie das Vorstellungsgespräch hinter sich gebracht haben, sollten Sie in Gedanken durchgehen, wie die Firma, bei der Sie sich beworben haben, Sie bisher behandelt hat.

Ihr Eindruck von dem Neuen

Durchleuchten Sie noch einmal für jede Firma den Ablauf des Bewerbungsverfahrens. Wie war Ihr erster Eindruck von der Stellenanzeige? Wie verliefen die Telefongespräche? Wie schnell hat man auf Ihre Bewerbung reagiert? Wie verlief das Vorstellungsgespräch? Im Mittelpunkt Ihrer Auseinandersetzung mit möglichen neuen Arbeitgebern sollte für Sie die Frage stehen: »Fühle ich mich mit meinen Wünschen und Hoffnungen von dieser Firma ernst genommen?«

Natürlich ist jeder Arbeitsplatzwechsel immer auch ein Sprung ins kalte Wasser. Viele Aspekte des neuen Jobs lassen sich aber dennoch im Vorfeld klären. Sie sind schließlich kein Berufsanfänger mehr und haben eine Antenne für das herrschende Betriebsklima entwickelt. Diese Antenne sollten Sie nutzen, um Widersprüche zwischen Ihren bisherigen Erfahrungen mit den Firmenvertretern und der nach außen propagierten Unternehmenskultur der neuen Firma aufzuspüren.

Vertrauen Sie Ihren Beobachtungen und Ihrem Gespür

Es könnte beispielsweise sein, dass die Personalverantwortliche einer Firma im Vorstellungsgespräch die Kundenorientierung als besonders wichtig darstellt, Sie selbst aber vorab bei den Telefonkontakten stets mit gereizten und unfreundlichen Gesprächspartnern zu tun hatten. Oder es wird besonders engagierten Mitarbeitern das Recht eingeräumt, auch Fehler machen zu dürfen. Sie selbst erleben aber beim Warten auf den Gesprächstermin, wie die Abteilungssekretärin wegen einer falsch einsortierten Akte vor Ihnen lauthals gerügt wird. Lernen Sie, Ihr Gespür für die Realität am neuen Arbeitsplatz zu verfeinern. Machen Sie Ihre eigenen Beobachtungen und verlassen Sie sich nicht allein auf das hochglanzpolierte Image der Firma, wie es Ihnen in der Werbebroschüre der Firma versprochen wurde.

Überprüfen Sie Ihre Eindrücke In unserer Checkliste »Die Entscheidung naht« haben wir Anhaltspunkte zusammengefasst, die Sie nutzen sollten, um zu einer eigenen Einschätzung der Gegebenheiten des neuen Arbeitsumfeldes zu kommen. Überprüfen Sie, welche Eindrücke Sie darin bestärken, zu gerade dieser Firma wechseln zu wollen. Werden Sie sich aber auch klar darüber, wenn Ihnen ein möglicher neuer Arbeitgeber so wenig gefällt, dass Sie von einem Stellenwechsel lieber Abstand nehmen.

Die Entscheidung naht

Checkliste

- Waren die Schreiben an mich in einem persönlichen Stil abgefasst?
- Wie lange musste ich auf Antwort auf meine Bewerbung warten?
- Wie ist der Internetauftritt des Unternehmens gestaltet?
- Werden die Informationen im Internet laufend aktualisiert?
- Spricht mich das zugesandte Informationsmaterial an?
- Wurde ich am Telefon eher abgewimmelt oder mit meinem Anliegen ernst genommen?
- Wurden Telefongespräche professionell und sachlich geführt?

- Gab es Zwischenbescheide oder wurde ich lange Zeit im Ungewissen gelassen?
- Bin ich mit der Lage der Firma (grüne Wiese, Stadtzentrum, Neubau, Altbau) zufrieden?
- Gefallen mir die Räumlichkeiten?
- Hat es in der letzten Zeit eine positive Berichterstattung über die Firma in den Medien gegeben?
- Machte die Firma durch negative Schlagzeilen auf sich aufmerksam?
- Spricht mich die Stimmung an, die im Unternehmen herrscht (Aufbruchsstimmung, nüchtern-konservativ, kreativ-spielerisch, forschungsorientiert)?
- Gefällt mir das Betriebsklima?
- Gilt in der Firma das Prinzip der offenen Tür? Oder schotten sich die Mitarbeiter voneinander ab?
- Gibt es eine Parkplatzhierarchie?
- Sitzen die Abteilungen in der Kantine streng voneinander getrennt?
- Gehen die Firmenangehörigen freundlich miteinander um?
- Wurde ich zuvorkommend und höflich behandelt?
- Gab es Widersprüche zwischen den Aussagen des Personalverantwortlichen und denen des Fachverantwortlichen?
- Ist Wochenendarbeit/Schichtarbeit üblich?
- Gefällt mir die Firmenphilosophie?
- Hat die Firma bei Kunden einen guten Ruf?
- Kann ich mich mit der Produktpalette oder den Dienstleistungen identifizieren?
- Was sagen die Zulieferer über die Firma?
- Welches Image hat die Firma bei Mitbewerbern?
- Was sagen ehemalige Mitarbeiter über die Firma?

- Hat es in letzter Zeit eine größere Entlassungswelle gegeben?
- Gibt es auffällig viele junge beziehungsweise ältere Mitarbeiter?
- Wie hoch ist der Frauenanteil im Durchschnitt?
- Gibt es Frauen in Führungspositionen?
- Existiert ein betriebliches Vorschlagswesen?
- Welchen Eindruck vermitteln die Schwarzen Bretter (aktuell, gepflegt, mahnend, motivierend)?
- Gibt es eine Stechuhr?
- Stehen den Mitarbeitern Getränke oder Obst zur Verfügung?
- Wie ist der Dresscode in der Firma (leger, konservativ, uniformiert)?
- Wie präsentiert sich die Firma auf Messen?
- Stehen die Mitarbeiter hinter der Firma?
- Gibt es von der Firma initiierte Freizeitaktivitäten?
- Könnte ich mir vorstellen, mit den neuen Kolleginnen und Kollegen zusammenzuarbeiten?

Treffen Sie eine Entscheidung! Sie haben die Entscheidung vorbereitet, nun müssen Sie sie auch treffen. Keine Angst, im Moment bleibt Ihre Wahl noch unter uns. Fixieren Sie aber Ihre Entscheidung, damit Sie klar vor Augen haben, wie Ihre Abwägung ausgegangen ist. Liefern Sie sich nicht dem unproduktiven Hin und Her der Gefühle aus. Reden Sie sich Ihren alten Arbeitgeber nicht wieder schön, nur weil es jetzt ernst wird. Geben Sie dem Neuen eine wirkliche Chance, ohne Ihre Wünsche dabei aus dem Blick zu verlieren.

Die Entscheidung: gehen oder bleiben?

- Sie haben sich Alternativen zu Ihrer momentanen Berufstätigkeit geschaffen. Jetzt ist Ihre Entscheidung gefragt.
- Gehen Sie weiter strategisch vor. Entwerten Sie Ihre gute Bewerbungsarbeit nicht durch übereiltes Handeln oder zu langes Zögern.
- Die Entscheidung für den Jobwechsel kann Ihnen niemand abnehmen. Bekennen Sie sich zu der eigenen Verantwortung für Ihr berufliches Fortkommen.
- Wägen Sie die Chancen und Risiken eines Stellenwechsels systematisch ab. Gehen Sie Punkt für Punkt durch, was Sie gewinnen und was Sie verlieren können.
- Überdenken Sie vor einem Wechsel, wie die neue Firma Sie im Bewerbungsverfahren behandelt hat.
- Lernen Sie, Ihr Gespür für die Realität am neuen Arbeitsplatz zu verfeinern. Nutzen Sie so viele Anhaltspunkte wie möglich, um Widersprüche zwischen der Selbstdarstellung der neuen Firma und der Arbeitswirklichkeit aufzudecken.
- Lassen Sie sich Ihre Entscheidung nicht aus der Hand nehmen. Nutzen Sie Ihren Handlungsspielraum, solange er vorhanden ist.

13

Sag beim Abschied leise Servus

Wenn Sie ein Angebot von einer neuen Firma erhalten haben, naht der Abschied vom jetzigen Arbeitgeber. Genauso souverän, wie Sie sich im Bewerbungsverfahren verhalten haben, sollten Sie auch jetzt vorgehen. Hinterlassen Sie kein Schlachtfeld und belasten Sie sich nicht mit unproduktiven Auseinandersetzungen.

Mit dem neuen Arbeitsvertrag haben Sie einen persönlichen Erfolg errungen. Genießen Sie das Gefühl des Gewinners und kosten Sie Ihren Sieg aus. Der Wechsel zu einem neuen Arbeitsplatz sollte Sie aber nicht dazu verführen, mit Ihrer derzeitigen Firma abrechnen zu wollen. In den einzelnen Kapiteln, die Sie zur Vorbereitung Ihres Wechsels durchgearbeitet haben, haben wir Sie immer wieder darauf hingewiesen, wie unproduktiv es ist, sich auf Probleme und Krisen zu fixieren.

Richten Sie den Blick nach vorn Ihre persönliche Weiterentwicklung wird durch die Anhäufung negativer Emotionen blockiert. Sie verschwenden viel produktive Energie, wenn Sie sich auf Rachepläne konzentrieren. Richten Sie den Blick nach vorn und motivieren Sie sich durch die neuen Möglichkeiten, die sich Ihnen auftun. Für manche Stellenwechsler ist der Drang, mit dem momentanen Arbeitgeber »abzurechnen«, schier überwältigend. Es gibt aber gute Gründe, auf den Abschied im Zorn zu verzichten.

Das stille Lächeln des Siegers

Machen Sie Ihre Kündigung bei Ihrem derzeitigen Arbeitgeber erst dann publik, wenn beide Seiten – Sie und der neue Arbeitgeber – den Arbeitsvertrag unterschrieben haben. Wir empfehlen Ihnen nicht, Ihre Arbeitsstelle zu kündigen, ohne einen neuen Arbeitsvertrag in den Händen zu halten. Einen solchen verfrühten Triumphschrei sollten Sie vermeiden. Sollte wider Erwarten doch nichts aus dem Arbeitgeberwechsel werden, hätten Sie den Vorgesetzten und den Kolleginnen und Kollegen lediglich Tür und Tor für Häme und Spott geöffnet. Bevorzugen Sie das stille Lächeln des Siegers. Kündigen Sie erst, wenn Ihnen der neue Arbeitsplatz sicher ist und Sie Ihre Entscheidung getroffen haben. **Der stille Triumph**

Der stille Triumph bietet sich auch nach der Kündigung an. Wenn Sie den Abschied nutzen, um offene Rechnungen zu begleichen, wird die Firma sich revanchieren und versuchen, Ihnen für die weitere berufliche Entwicklung Steine in den Weg zu legen. Denken Sie an eines: Das Arbeitszeugnis, das Sie von Ihrem jetzigen Arbeitgeber erhalten, muss erst noch erstellt werden. Juristische Auseinandersetzungen über Formulierungen in Ihrem Arbeitszeugnis während der Einarbeitungszeit beim neuen Arbeitgeber kosten Kraft und könnten Ihre Leistungen am neuen Arbeitsplatz ganz erheblich beeinträchtigen.

Ganz generell sollten Sie bedenken, dass es Ihnen schwer fallen wird, optimale Leistungen am neuen Arbeitsplatz zu erbringen, wenn Ihre Gedanken immer noch um Streitigkeiten mit der alten Firma kreisen. Beachten Sie auch, dass es durchaus einen Branchentratsch gibt. Verderben Sie es sich allzu sehr mit der alten Firma, könnte es sein, dass gezielte Desinformationen über Sie gestreut werden. Der Spruch »Man trifft sich immer zweimal« hat im Berufsleben durchaus seine Berechtigung. Aufsteigende Zornesröte in Ihrem Gesicht, wenn Sie ehemalige **Richten Sie den Blick nach vorn**

Kollegen auf einer Messe treffen, wird auf Außenstehende nicht besonders professionell wirken und schadet Ihnen mehr, als Ihnen recht sein kann.

Die Möglichkeit, zu einem späteren Zeitpunk zum alten Arbeitgeber zurückzukehren, sollten Sie auch nicht gänzlich ausschließen. Auch wenn es sicherlich nicht der Regelfall ist. Wir erleben es in unserer Beratungspraxis durchaus, dass beim alten Arbeitgeber Veränderungen eingetreten sind, die eine Rückkehr interessant erscheinen lassen können. Beispielsweise weil es Umstrukturierungen gegeben hat, weil missliebige Vorgesetzte gegangen sind oder weil neue, interessante Geschäftsfelder hinzugekommen sind. Eine »Politik der verbrannten Erde« wird Ihnen die Rückkehr natürlich verbauen – und damit bringen Sie sich eventuell um eine Karriereoption, die Sie sonst hätten nutzen können.

Gestalten Sie den Abschied so angenehm wie möglich Zuletzt sollten Sie noch bedenken, dass Sie wegen der Kündigungsfristen noch einige Zeit am alten Arbeitsplatz verbringen werden. Haben Sie die zwischenmenschliche Ebene vollends zerstört, wird es Ihnen auch selbst keine Freude mehr bereiten, jeden Morgen den Gang in die Arbeitshölle anzutreten. Gestalten Sie sich den Abschied beim Arbeitgeber lieber angenehm. Belasten Sie sich nicht mit unnötigen Stressfaktoren. Mit dem Abschluss eines neuen Arbeitsvertrages ist die Vergangenheit passé. Richten Sie Ihren Blick nach vorn und freuen Sie sich auf einen neuen Abschnitt in Ihrem Berufsleben.

Sag beim Abschied leise Servus

Im Blick

- Genießen Sie Ihren Erfolg, aber erliegen Sie nicht der Versuchung, mit Ihrem alten Arbeitgeber »abrechnen« zu wollen.
- Die Anhäufung negativer Emotionen in der verbleibenden Restzeit bei Ihrem alten Arbeitgeber wird Ihre Aufbruchstimmung und Ihre Tatkraft beeinträchtigen.
- Kündigen Sie erst dann, wenn der neue Arbeitsvertrag von beiden Seiten unterschrieben worden ist.
- Bedenken Sie, dass Ihr Arbeitszeugnis noch ausgestellt werden muss.
- Halten Sie sich die Möglichkeit offen, die restliche Zeit beim alten Arbeitgeber mit Anstand hinter sich zu bringen.

Entfachen Sie
das Feuer der Liebe neu

Es ist durchaus normal, dass am Arbeitsplatz nicht immer alles reibungslos läuft. Schließlich hat jeder Mensch seine besonderen Vorlieben und Eigenarten, Auseinandersetzungen gehören zum Berufsalltag einfach dazu. Problematisch wird es aber dann, wenn Streitigkeiten und Konflikte zum Normalfall werden, und sich ein Negativkreislauf der Emotionen entwickelt hat, der nicht mehr zu durchbrechen ist. Eine Zeit lang lohnt es sich sicherlich, auf Verbesserungen in einem gestörten Arbeitsklima hinzuarbeiten. Es kann aber auch einen Punkt geben, an dem Sie zu der Überzeugung gelangen: »So geht es nicht mehr weiter.«

Aus unserer Beratungspraxis wissen wir: Die meisten Menschen haben im Arbeitsleben mehr Möglichkeiten, als ihnen bewusst ist. Leider ist der Glaube an die eigenen Fähigkeiten aber gerade dann besonders gering, wenn Sie in belastenden Situationen förmlich feststecken. Dies gilt insbesondere für **Harmonie** Schwierigkeiten am Arbeitsplatz. Es ist wirklich nicht leicht, **verträgt auch** sich intensiv um berufliche Alternativen zu kümmern, wenn es **Dissonanzen** im gewohnten Umfeld ständig drunter und drüber geht. Die für Veränderungen dringend benötigte zusätzliche Kraft fällt eben nicht einfach vom Himmel. Und ohne Unterstützung wächst die Verzweiflung.

Damit Sie sich in der wichtigen Frage »Soll ich meinen Job wechseln?« nicht allein gelassen fühlen, haben wir Ihnen gezeigt, wie Sie Ihre Situation analysieren und neue Ziele definieren können. Der Weg zum neuen Job wird Ihnen leichter fallen,

Ein zufriedenstellender Job an Ihrer Seite

weil Sie die notwendigen Teilschritte kennen, die zum Ziel führen: Sie verfügen jetzt über den notwendigen Glauben an Ihre
beruflichen Stärken, der unverzichtbar ist, um andere für sich
einzunehmen. Sie wissen nun, was Ihnen in Ihren bisherigen
beruflichen Tätigkeiten so gut gelungen ist, dass Sie es auch zukünftig machen möchten. Sie kennen Ihre Wünsche an mögliche neue Arbeitgeber und haben das nötige Gespür für den
richtigen entwickelt. Darüber hinaus haben wir Sie auch darauf vorbereitet, wie Sie mit plötzlichen Stimmungsschwan-
kungen im Hin und Her der Gefühle zwischen altem und
neuem Arbeitgeber umgehen können, ohne Ihr Ziel – ein produktives und motivierendes Arbeitsumfeld – aus den Augen zu
verlieren.

**Glauben Sie
an sich, um
andere zu
überzeugen**

**Ihre Verän-
derung ver-
ändert auch
andere** Auch für Ihren alten Arbeitgeber wird Ihr Wechsel nicht
ohne Folgen bleiben. Nachdem der stille Abschiedsschmerz
verklungen oder die Wut des Verlassenen verraucht ist, setzt in
der Mehrheit der Fälle ein Prozess der Selbstreflexion ein. Ihre
Kündigung kann somit ein Signal für Veränderungen sein, die
nun in Angriff genommen werden müssen.

Arbeiten Sie darauf hin, eine Stelle zu finden, in der Sie Ihr
Potenzial voll entfalten können. Ihre Zufriedenheit mit dem
Arbeitsplatz strahlt schließlich in alle anderen Lebensbereiche
aus. Ergreifen Sie Ihre Chance und entfachen Sie das Feuer der
Liebe neu.

Viel Erfolg beim Wechsel wünschen Ihnen

Christian Püttjer und *Uwe Schnierda*

Register

Wir sind für Sie da

Püttjer & Schnierda Beratung und Seminare

Wir machen Sie fit für den Karrieresprung!

Beratungs- und Seminarangebote finden Sie im Internet unter
www.karriereakademie.de (für Privatkunden)
www.erfolgscoaches.de (für Unternehmen)

Püttjer & Schnierda
Poststraße 12
24239 Achterwehr am Westensee

Telefon: (0 43 40) 40 01 15
Fax: (0 43 40) 40 01 19
E-Mail: info@karriereakademie.de (für Privatkunden)
E-Mail: info@erfolgscoaches.de (für Unternehmen)